해봐요

문해력 초등 한글

1 단계

"이 책은요"

《문해력 초등 한글》은 예비 초등생과 초등 저학년을 대상으로 만든 한글 책입니다.
60일 만에 자모음부터 겹받침 글자까지 체계적으로 배울 수 있습니다.

한글 떼기부터
어휘력, 기초 문해력을 한 번에!!

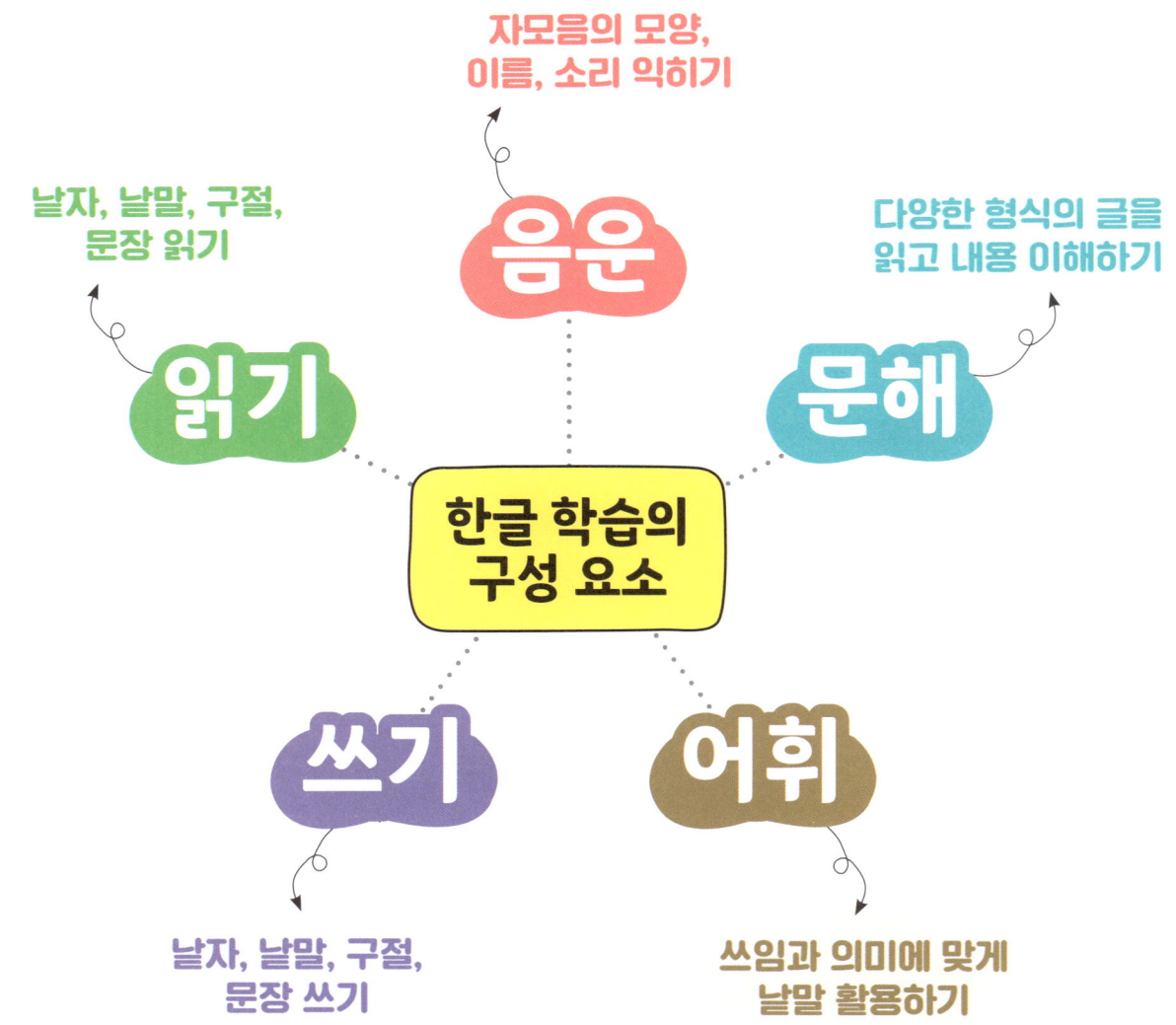

다섯 가지 특징

한글 떼기는 물론, **700여 개의 낱말과 비슷한 형태의 구절** 등을 통해 **어휘력**까지 키울 수 있어요.

시각적인 **가획 원리**, **QR 코드를 활용**한 청각 자극을 통해 글자의 모양과 소리를 쉽게 익힐 수 있어요.

배운 글자를 반복적으로 제시하여 **자연스럽게 복습 효과**를 얻을 수 있어요.

받침 글자의 난이도를 고려하여 '**쉬운 받침**'과 '**어려운 받침**'을 **구분**하여 받침 글자를 쉽고 점진적으로 익힐 수 있어요.

리듬감 있게 구성한 말놀이 글감, 다양한 형식의 **30여 편 글감과 질문**을 통해 재미있고 자연스럽게 **기초 문해력**을 키울 수 있어요.

"이렇게 활용해요"

만나요

배울 글자를 미리 만나 보며 스티커 붙이기

해 봐요

기본자에 획을 더해 글자를 만드는 원리
(가획의 원리)를 시각적으로 익히기

기본 모음

QR 코드
모음자의 모양, 이름, 소리 익히기

전체 모음자에서 학습하는 글자 위치를 확인하고 모음의 순서 알기

여러 활동으로 학습한 모음자 확인하기

QR 코드
기초 문해력을 위한, 반복적이며 리듬감을 살린 말놀이 하기

모음자 쓰기
(순서 익히기 → 따라 쓰기 → 옮겨 쓰기)

기본 자음

QR 코드
자음자의 모양, 이름, 소리 익히기

자음자 쓰기(순서 익히기 → 따라 쓰기 → 옮겨 쓰기)

여러 활동으로 학습한 자음자 확인하기

QR 코드
기초 문해력을 위한, 반복적이며 리듬감을 살린 말놀이 하기

전체 자음자에서 학습하는 글자 위치를 확인하고 자음의 순서 알기

낱말 속에 들어 있는 자음자 읽고 쓰기

받침 없는 글자

- 음절 조합표로 자음자와 모음자의 조합을 시각적으로 확인하기
- 자음 소리와 모음 소리가 합쳐져 ㅎ+ㅓ=허와 같이 음절이 되는 방법 익히기

자음자와 기본 모음자가 조합된 받침 없는 글자를 따라 쓰며 글자 익히기

낱말 속에 들어 있는 받침 없는 글자 읽고 쓰기

여러 활동으로 받침 없는 글자가 들어 있는 낱말 확인하기

QR 코드
기초 문해력을 위한, 반복적이며 리듬감을 살린 말놀이 하기

정리해요

기본 자모음자의 모양, 이름, 소리를 차례대로 읽으며 정리하기

기본 자모음자의 모양 확인하기

5일

기본 자모음자를 차례대로 읽고 쓰기

기본 자모음자를 모아서 여러 활동으로 확인하기

받침 없는 글자의 음절표를 채우며 정리하기

재미있는 활동으로 받침 없는 글자로 이루어진 낱말 확인하기

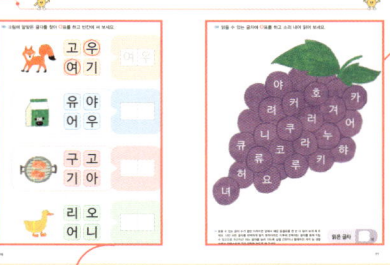

16일

글자로 낱말을 만드는 활동으로 학습 내용 확인하기

받침 없는 글자 읽으며 학습 내용 확인하기

"무엇을 배울까요?"

1단계

똑똑 기본 모음

- 1일 ㅣ, ㅏ, ㅑ 10
- 2일 ㅓ, ㅕ 14
- 3일 ㅡ, ㅗ, ㅛ 18
- 4일 ㅜ, ㅠ 22
- 5일 쏙쏙 기본 모음 26

똑똑 기본 자음

- 6일 ㄱ, ㅋ 32
- 7일 ㄴ, ㄹ 36
- 8일 ㄷ, ㅌ 40
- 9일 ㅁ, ㅂ, ㅍ 44
- 10일 ㅅ, ㅈ, ㅊ 48
- 11일 ㅇ, ㅎ 52
- 12일 쏙쏙 기본 자음 56

2단계 에서 만나요

1일 ㅇ받침	8일 ㄲ	15일 ㅔ
2일 ㄱ받침	9일 ㄸ	16일 ㅚ, ㅟ
3일 ㄴ받침	10일 ㅃ	17일 ㅘ, ㅝ
4일 ㄹ받침	11일 ㅆ	18일 ㅖ, ㅢ
5일 ㅁ받침	12일 ㅉ	19일 ㅐ, ㅙ, ㅞ
6일 ㅂ받침	13일 쏙쏙 된소리	20일 쏙쏙 복잡한 모음
7일 쏙쏙 쉬운 받침	14일 ㅐ	

똑똑 받침 없는 글자 ❶

13일	아~이, 하~히	62
14일	가~기, 카~키	66
15일	나~니, 라~리	70
16일	**쏙쏙** 받침 없는 글자 ❶	74

똑똑 받침 없는 글자 ❷

17일	다~디, 타~티	80
18일	마~미, 바~비, 파~피	84
19일	사~시, 자~지, 차~치	90
20일	**쏙쏙** 받침 없는 글자 ❷	96

3단계 에서 만나요

1일	ㄱ받침	8일	ㅅ받침	15일	쏙쏙 어려운 받침 ❸
2일	ㄴ받침	9일	ㅇ받침	16일	ㄲ·ㅆ 받침
3일	ㄷ받침	10일	쏙쏙 어려운 받침 ❷	17일	ㄵ·ㄶ 받침
4일	ㄹ받침	11일	ㅈ받침	18일	ㄺ·ㄼ 받침
5일	쏙쏙 어려운 받침 ❶	12일	ㅊ받침	19일	ㄻ·ㅀ 받침
6일	ㅁ받침	13일	ㅋ·ㅌ받침	20일	쏙쏙 쌍받침·겹받침
7일	ㅂ받침	14일	ㅍ·ㅎ받침		

똑똑 기본 모음

소미의 하루 생활을 따라가며 **같은 모양의 글자 스티커**를 붙여 보세요.

ㅣ ㅏ ㅑ

 모양 | 이름 | 소리

음운 읽기 ㅣ의 모양을 살펴보며 소리를 따라 해 보세요.

이 닦을 때

[이]

» 제시된 글을 리듬감 있게 읽어 주어 재미있게 글자의 모양과 소리를 익히도록 해 주세요.
　모음은 혼자서 소리가 나는 글자로, ㅣ 앞에 붙은 ㅇ은 소리가 없어요. 따라서 ㅣ와 이 모두 [이]라고 읽을 수 있어요.

읽기 쓰기 ㅣ를 읽고 써 보세요.

» ㅣ를 읽으며 회색 글자 부분을 덮어 써 보게 해 주세요.

10　ㅏ ㅑ ㅓ ㅕ ㅗ ㅛ ㅜ ㅠ ㅡ ㅣ

월   일

ㅏ

음운 읽기 ㅏ의 모양을 살펴보며 소리를 따라 해 보세요.

≫ 모음 ㅣ의 오른쪽에 한 획이 붙어서 ㅏ가 되었음을 알게 해 주세요.

읽기 쓰기 ㅏ를 읽고 써 보세요.

ㅑ 모양 | 이름 | 소리

음운 읽기 ㅑ의 모양을 살펴보며 소리를 따라 해 보세요.

>> 모음 ㅣ의 오른쪽에 두 획이 붙어 ㅑ가 되었으며, ㅣ의 입 모양으로 시작해서 재빠르게 ㅏ의 입 모양으로 바꾸어 소리 낸다는 점을 알게 해 주세요.

읽기 쓰기 ㅑ를 읽고 써 보세요.

재미있게 마무리하기

음운 ㅣ와 같은 모음자를 찾아 ○표를 하고 몇 개인지 써 보세요.

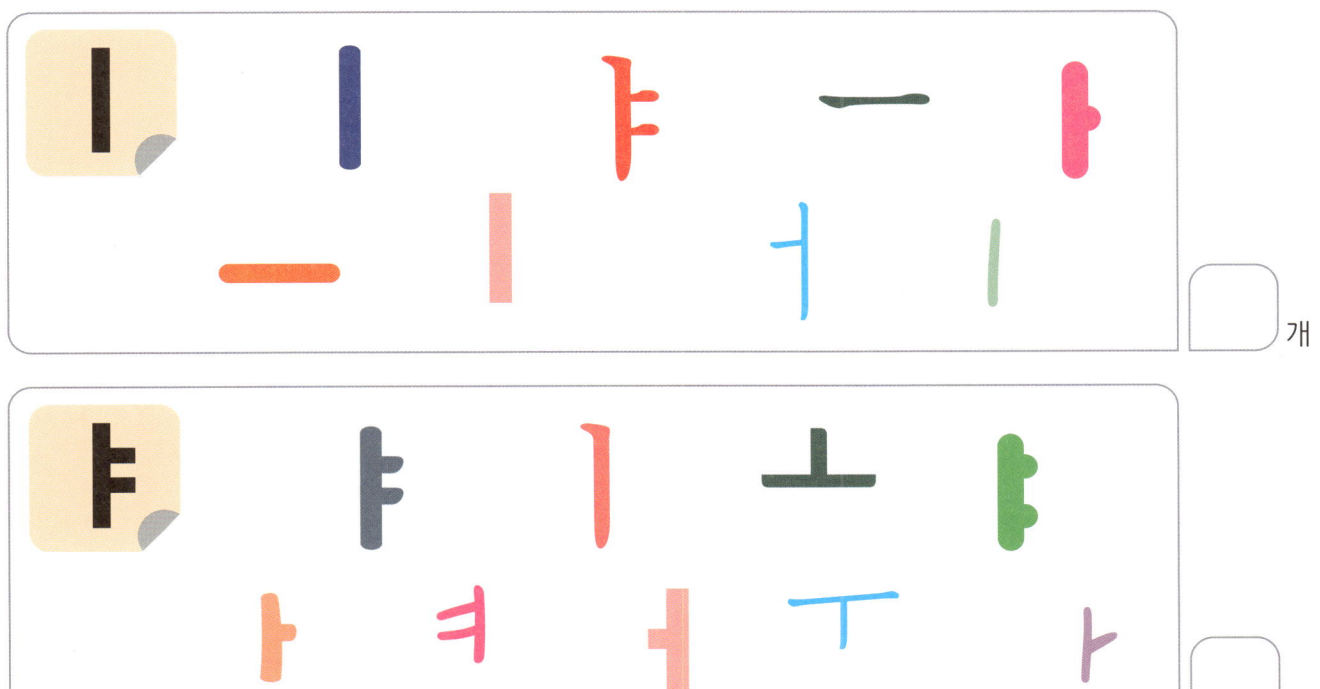

음운 **문해** 글자 속에서 ㅏ를 찾아 ○표를 해 보세요.

오이 좋아.
가지 좋아.
채소가 좋아!

» 한글 공부의 즐거움을 느낄 수 있도록 리듬감을 살려 읽어 주세요.
한글 습득 후에 글을 읽고 이해하는 능력을 키우는 데에도 도움이 됩니다.

 ㅓ ㅕ

 모양 | 이름 | 소리

음운 읽기 ㅓ의 모양을 살펴보며 소리를 따라 해 보세요.

놀랄 때 [어]

» 모음 ㅣ의 왼쪽에 한 획이 붙어 ㅓ가 되었음을 알게 해 주세요.

읽기 쓰기 ㅓ를 읽고 써 보세요.

거 미
ㄱ 미

어 머
ㅇ ㅁ

어 머 니
ㅇ ㅁ 니

월 일

ㅕ

음운 읽기 ㅕ의 모양을 살펴보며 소리를 따라 해 보세요.

여기 할 때

[여]

» 모음 ㅣ의 왼쪽에 두 획이 붙어서 ㅕ가 되었으며, ㅣ의 입 모양으로 ㅅ 작해서 재빠르게 ㅓ의 입 모양으로 바꾸어 소리 낸다는 점을 알게 해 주세요.

읽기 쓰기 ㅕ를 읽고 써 보세요.

여	우
ㅇ	우

여	자
ㅇ	자

겨	자
ㄱ	자

재미있게 마무리하기

음운 ■와 같은 모음자를 찾아 O표를 하고 몇 개인지 써 보세요.

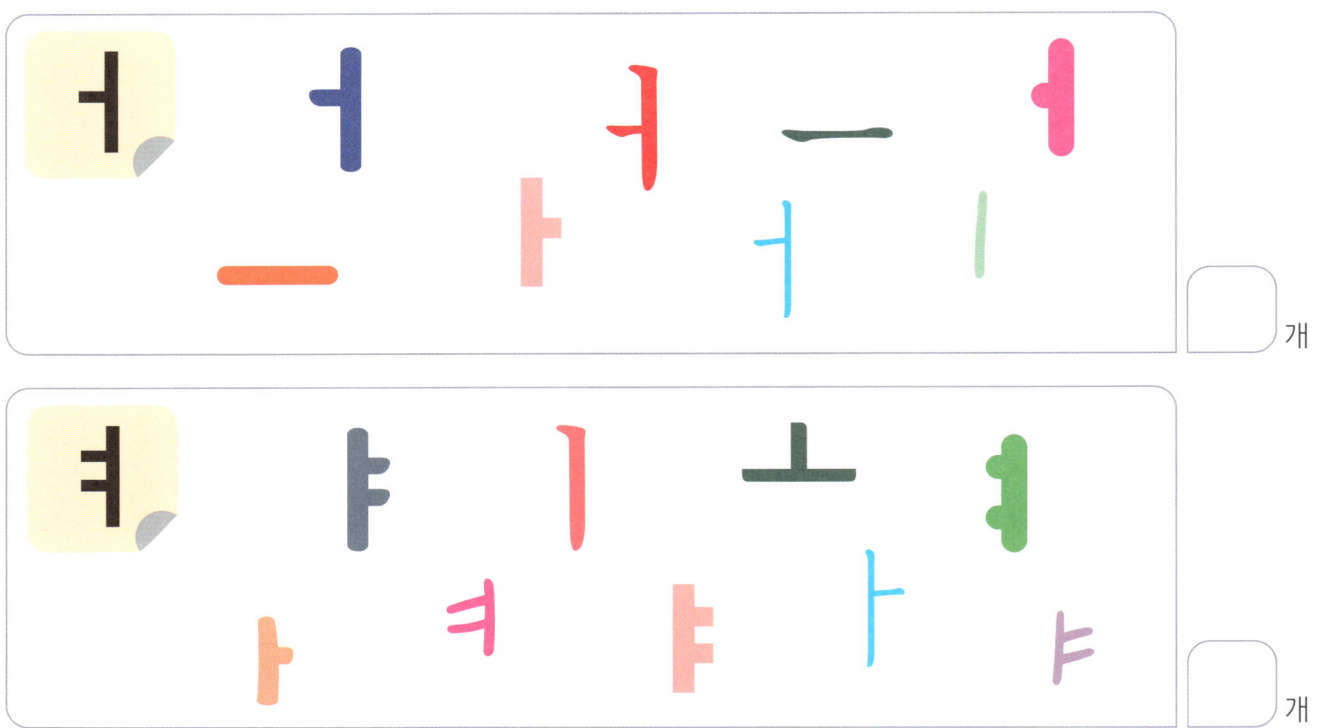

음운 문해 글자 속에서 ㅕ를 찾아 O표를 해 보세요.

겨울 오면
아기 여우
어디서 사나?

음운 와 같은 모음자가 들어 있는 글자를 줄로 이어 보세요.

ㅣ •   • 아가 아하

ㅏ •   • 어머 허허허

ㅓ •   • 이리 피리

음운 ㅑ가 들어 있는 칸에 빨강을 칠하고, ㅕ가 들어 있는 칸에 파랑을 칠해 보세요.

야	쇼	아	카	벼
갸	먀	수	셔	어
랴	도	후	큐	겨
샤	햐	구	쳐	며
냐	파	기	비	혀

17

ㅡ ㅗ ㅛ

ㅡ 모양 | 이름 | 소리

음운 읽기 ㅡ의 모양을 살펴보며 소리를 따라 해 보세요.

아플 때
[으]

읽기 쓰기 ㅡ를 읽고 써 보세요.

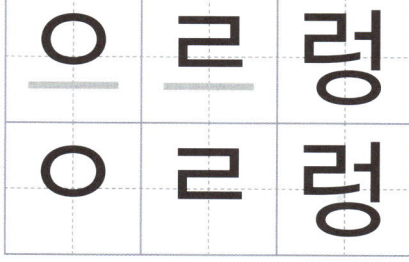

으르렁
으르렁

으앙
으앙

카드
카드

월 일 **3일**

 모양 | 이름 | 소리

음운 읽기 ㅗ의 모양을 살펴보며 소리를 따라 해 보세요.

신기할 때 [오]

» 모음 ㅡ의 위쪽에 한 획이 붙어서 ㅗ가 되었음을 알게 해 주세요.

읽기 쓰기 ㅗ를 읽고 써 보세요.

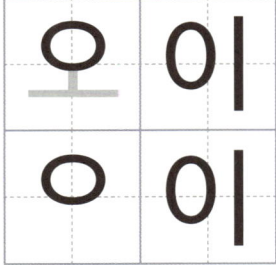

오	이
ㅇ	이

모	기
ㅁ	기

소	고	기
ㅅ	ㄱ	기

ㅛ 모양 | 이름 | 소리

음운 읽기 ㅛ의 모양을 살펴보며 소리를 따라 해 보세요.

요리할 때 [요]

>> 모음 ㅡ의 위쪽에 두 획이 붙어서 ㅛ가 되었으며, ㅣ의 입 모양으로 시작해서 재빠르게 ㅗ의 입 모양으로 바꾸어 소리 낸다는 점을 알게 해 주세요.

읽기 쓰기 ㅛ를 읽고 써 보세요.

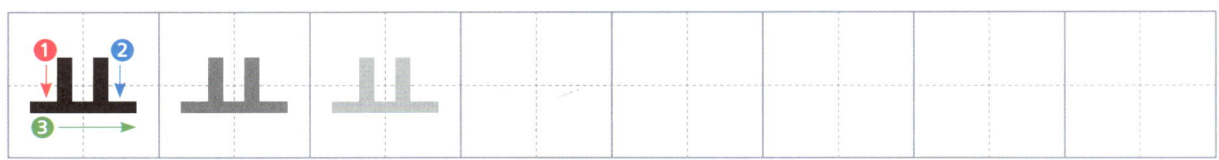

요리사 / 요가 / 학교

재미있게 마무리하기

음운 ▢와 같은 글자를 찾아 ○표를 하고 몇 개인지 써 보세요.

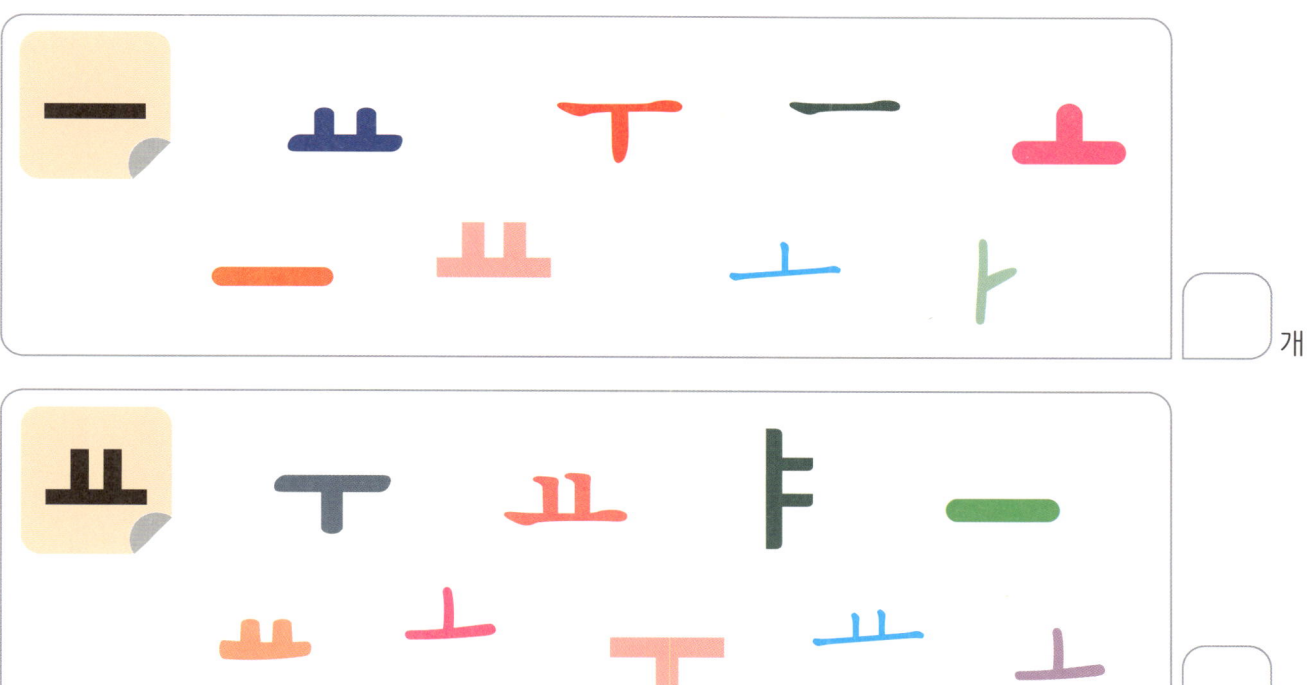

개

개

음운 문해 글자 속에서 ㅗ를 찾아 ○표를 해 보세요.

오리 요리사
어디 가?
오이 사러
마트 가.

ㅜ ㅠ

 모양 | 이름 | 소리

음운 읽기 ㅜ의 모양을 살펴보며 소리를 따라 해 보세요.

뽀뽀할 때
[우]

≫ 모음 ㅡ의 아래쪽에 한 획이 붙어서 ㅜ가 되었음을 알게 해 주세요.

읽기 쓰기 ㅜ를 읽고 써 보세요.

22

ㅠ 모양 | 이름 | 소리

음운 읽기 ㅠ의 모양을 살펴보며 소리를 따라 해 보세요.

» 모음 ㅡ의 아래쪽에 두 획이 붙어서 ㅠ가 되었으며, ㅣ의 입 모양으로 시작해서 재빠르게 ㅜ의 입 모양으로 바꾸어 소리 낸다는 점을 알게 해 주세요.

읽기 쓰기 ㅠ를 읽고 써 보세요.

음운 ▢와 같은 글자를 찾아 ○표를 하고 몇 개인지 써 보세요.

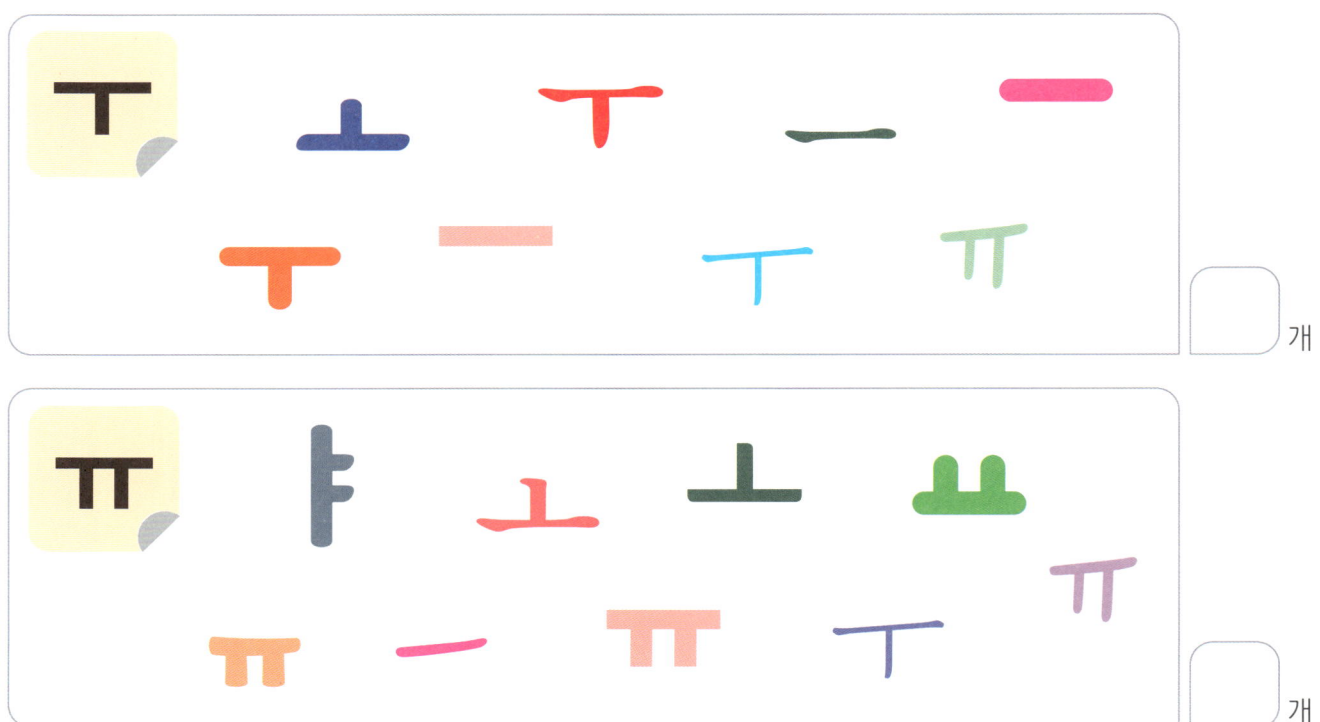

음운 문해 글자 속에서 ㅜ를 찾아 ○표를 해 보세요.

아기 나무야,
무럭무럭 자라라.
자두랑 호두랑
주렁주렁 열려라.

음운 ☐와 같은 모음자가 들어 있는 글자를 줄로 이어 보세요.

ㅡ • • 으스스

ㅗ • • 후후 두부

ㅜ • • 고모 소

음운 ㅛ가 들어 있는 칸에 빨강을 칠하고, ㅠ가 들어 있는 칸에 파랑을 칠해 보세요.

야	쇼	아	쿄	벼
교	묘	요	툐	효
랴	됴	후	캬	겨
규	듀	휴	유	슈
냐	뮤	기	쥬	혀

● 글자를 소리 내어 차례대로 읽어 보세요.

아 야 어 여 오

ㅏ ㅑ ㅓ ㅕ ㅗ

● ▢ 와 같은 모음자가 들어 있는 글자를 줄로 이어 보세요.

ㅏ · · 갸 샤 야

ㅑ · · 아 자 카

ㅓ · · 고 소 오

ㅕ · · 너 어 처

ㅗ · · 겨 여 며

월   일 **5일**

🔵🟡 와 같은 모음자가 들어 있는 글자를 줄로 이어 보세요.

● 글자를 소리 내어 읽으면서 따라 써 보세요.

● 모음자의 순서에 맞게 줄을 이어 보세요.

ㅏ ㅑ ㅓ ㅕ ㅗ ㅛ ㅜ ㅠ ㅡ ㅣ

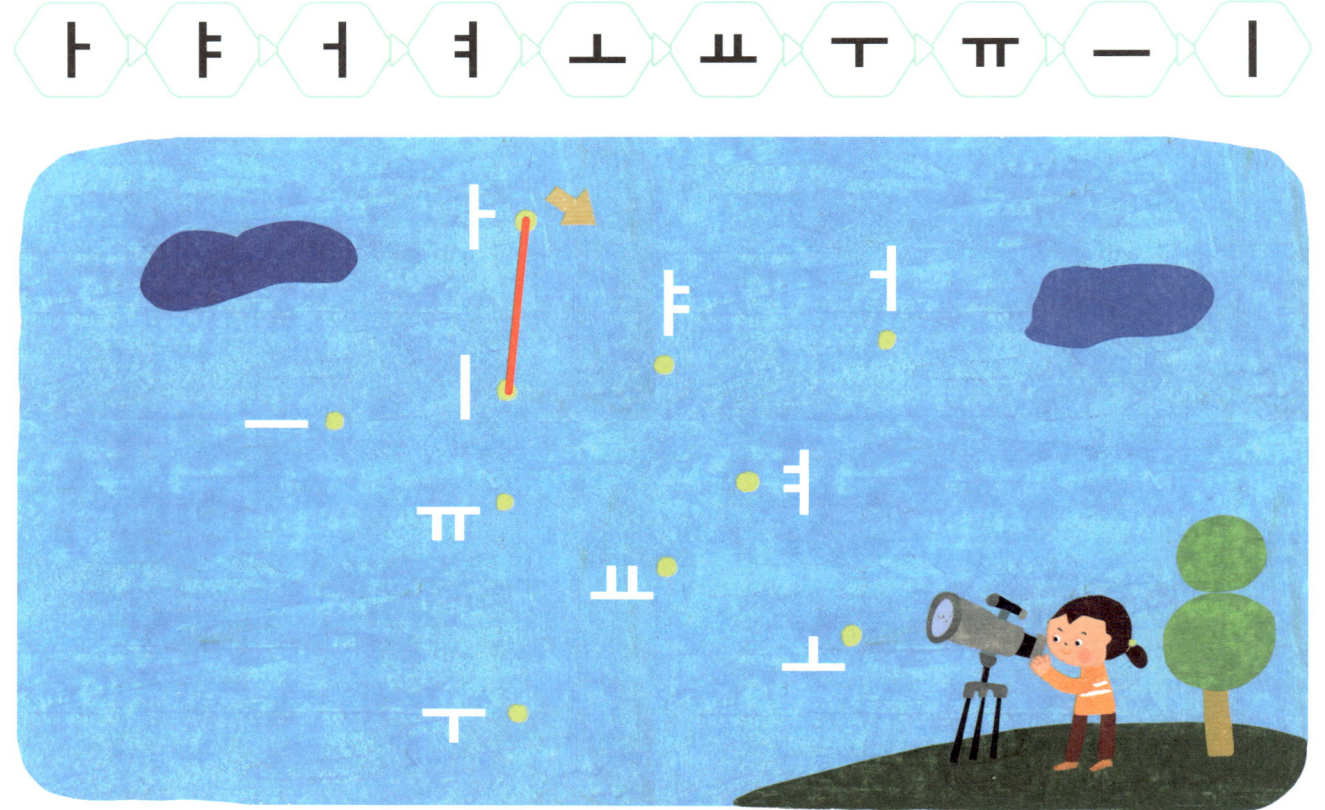

● 빈칸에 알맞은 모음자를 써 보세요.

소미와 엄마의 하루를 따라가며 **같은 모양의 글자 스티커**를 붙여 보세요.

ㄱ ㅋ

ㄱ 모양 | 이름 | 소리

음운 읽기 ㄱ의 모양을 살펴보며 소리를 따라 해 보세요.

>> 제시된 글을 리듬감 있게 읽어 주어 재미있게 글자의 모양과 소리를 익히도록 해 주세요.
자음은 혼자서는 소리가 나지 않는 글자로, 발음을 쉽게 하기 위해 모음 ㅡ를 붙여서 읽는 방법을 제시했어요.

읽기 쓰기 ㄱ을 읽고 써 보세요.

>> ㄱ을 읽으며 흐린 글자 부분을 덮어 써 보게 해 주세요. '가'와 '구'에 쓰인 ㄱ 모양이 다른 점에 유의하여 따라 쓰도록 해 주세요.

월   일   **6일**

ㅋ 모양 | 이름 | 소리

음운 읽기 ㅋ의 모양을 살펴보며 소리를 따라 해 보세요.

>> 자음 ㄱ의 안쪽에 한 획이 붙어서 ㅋ이 되었음을 알게 해 주세요.

읽기 쓰기 ㅋ을 읽고 써 보세요.

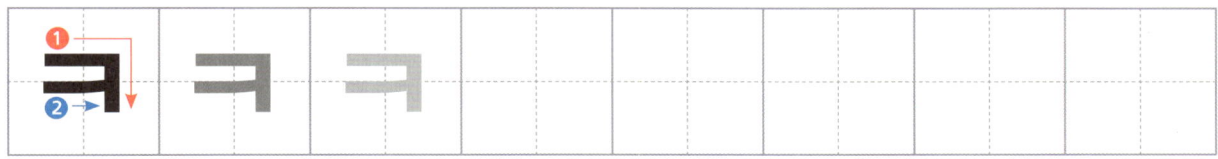

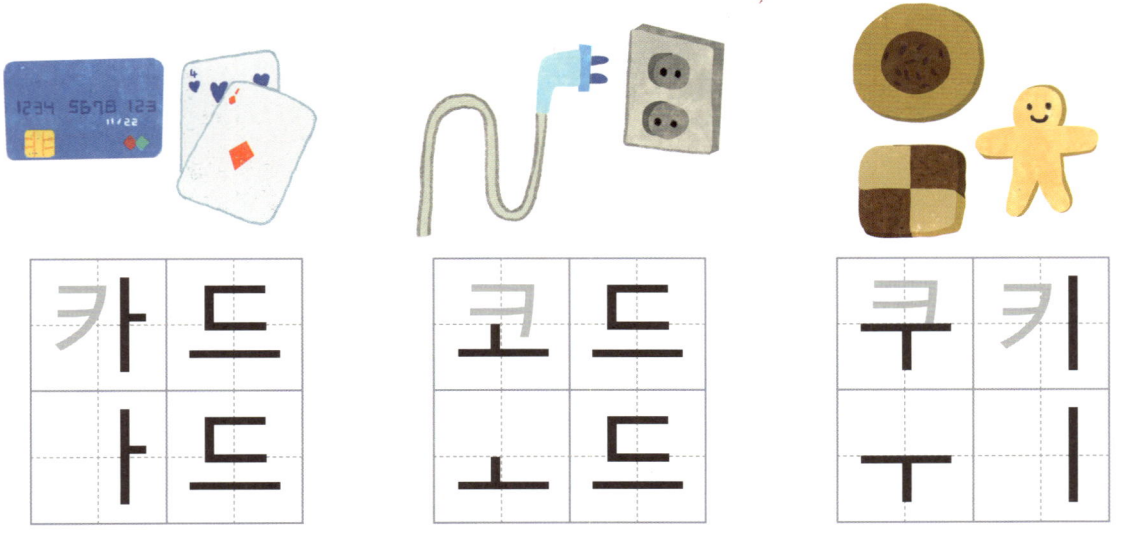

| 카 드 | 코 드 | 쿠 키 |

 글자

읽기 쓰기 그림의 이름을 말하고 빈칸에 ㄱ이나 ㅋ을 써 보세요.

음운 쓰기 ㄱ과 ㅋ 중 어떤 자음자가 들어 있는지 ☐에 써 보세요.

쿠키 카드

고기 가구

재미있게 마무리하기

음운 그림에서 ㄱ과 ㅋ을 찾아 ○표를 하고 각각 몇 개인지 써 보세요.

음운 문해 ㄱ이 들어 있는 글자에 ○표를 해 보세요.

키 크기 운동 시작!
거미도 하나 둘!
개미도 하나 둘!

» 한글 공부의 즐거움을 느낄 수 있도록 리듬감을 살려 읽어 주세요.
　한글 습득 후에 글을 읽고 이해하는 능력을 키우는 데에도 도움이 됩니다.

ㄴ ㄹ

ㄴ 　모양 | 이름 | 소리

음운 읽기 ㄴ의 모양을 살펴보며 소리를 따라 해 보세요.

ㄴ은
니은

느리다 할 때
[ㄴ]

읽기 쓰기 ㄴ을 읽고 써 보세요.

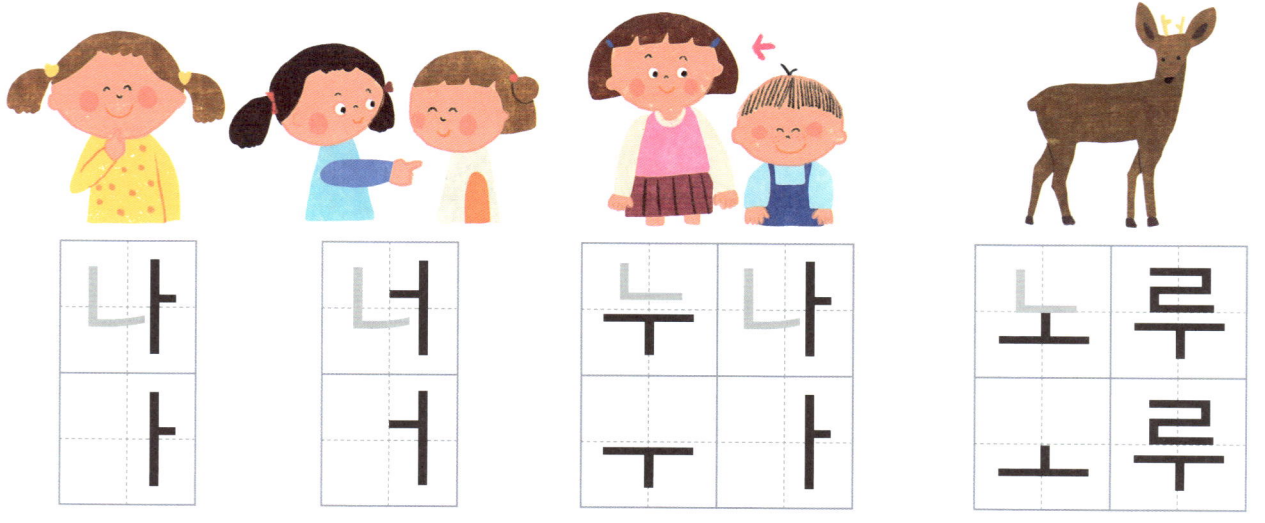

월   일   **7일**

ㄹ  모양 | 이름 | 소리

음운 읽기 ㄹ의 모양을 살펴보며 소리를 따라 해 보세요.

ㄹ은 [리을]

부르다 할 때

[르]

» ㄹ은 소리 낼 때 입속에서 혀가 구부러지는 모양을 본떠서 나타낸 글자임을 알게 해 주세요.

읽기 쓰기 ㄹ을 읽고 써 보세요.

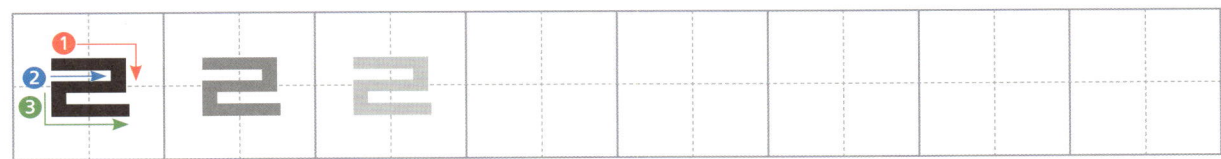

기러기
기ㅓ기

노루
노ㅜ

오리
오ㅣ

37

 글자

읽기 쓰기 그림의 이름을 말하고 빈칸에 ㄴ이나 ㄹ을 써 보세요.

음운 쓰기 ㄴ과 ㄹ 중 어떤 자음자가 들어 있는지 ☐ 에 써 보세요.

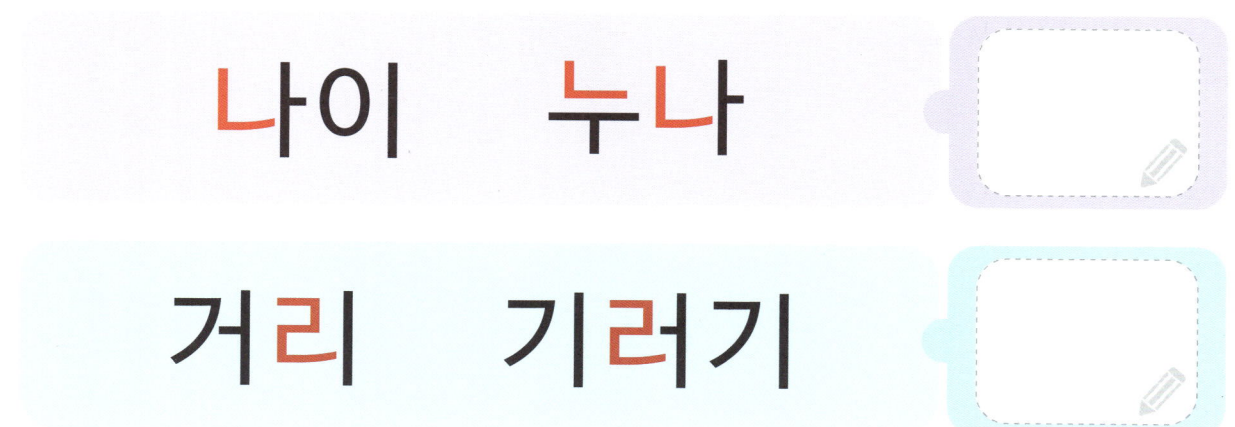

재미있게 마무리하기

음운 그림에서 ㄴ과 ㄹ을 찾아 ○표를 하고 각각 몇 개인지 써 보세요.

음운 문해 ㄴ이 들어 있는 글자에 ○표를 해 보세요.

달콤한 포도알
사이좋게 나누자.
너 하나 나 하나!

ㄷ ㅌ

ㄷ 모양 | 이름 | 소리

음운 읽기 ㄷ의 모양을 살펴보며 소리를 따라 해 보세요.

ㄷ은 디귿 / 카드 할 때 [드]

≫ 자음 ㄴ의 위쪽에 한 획이 붙어서 ㄷ이 되었음을 알게 해 주세요.

읽기 쓰기 ㄷ을 읽고 써 보세요.

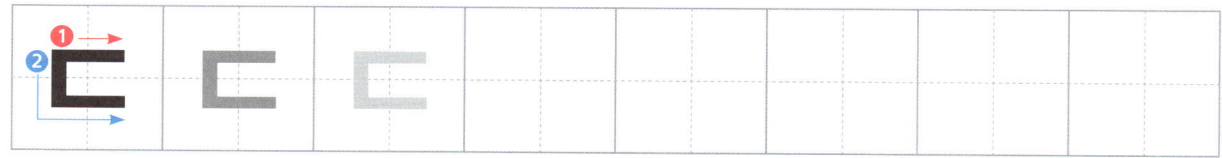

다리 / 구두 / 더하기

40 ㄱ ㄴ **ㄷ** ㄹ ㅁ ㅂ ㅅ ㅇ ㅈ ㅊ ㅋ ㅌ ㅍ ㅎ

월   일   **8일**

ㅌ 모양 | 이름 | 소리

음운 읽기 ㅌ의 모양을 살펴보며 소리를 따라 해 보세요.

» 자음 ㄷ의 안쪽에 한 획이 붙어서 ㅌ이 되었음을 알게 해 주세요.

읽기 쓰기 ㅌ을 읽고 써 보세요.

타조   토마토   튜브

 글자

읽기 쓰기 그림의 이름을 말하고 빈칸에 ㄷ이나 ㅌ을 써 보세요.

| 두 더 지 |
| ㅜ ㅓ 지 |

| 도 로 |
| ㅗ 로 |

| 도 토 리 |
| ㅗ ㅗ 리 |

| 티 슈 |
| ㅣ 슈 |

| 트 로 피 |
| ㅡ 로 피 |

| 느 타 리 |
| 느 ㅏ 리 |

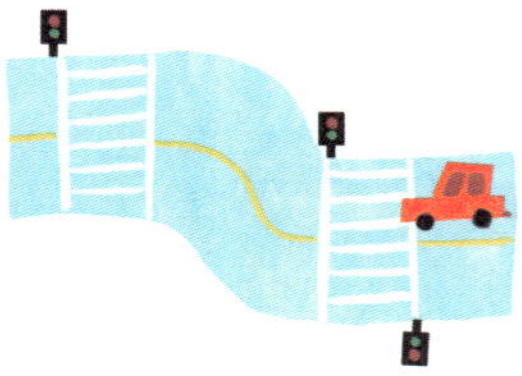

음운 쓰기 ㄷ과 ㅌ 중 어떤 자음자가 들어 있는지 ◯에 써 보세요.

두더지   드라이어

투구   트로트

재미있게 마무리하기

음운 그림에서 ㄷ과 ㅌ을 찾아 ○표를 하고 각각 몇 개인지 써 보세요.

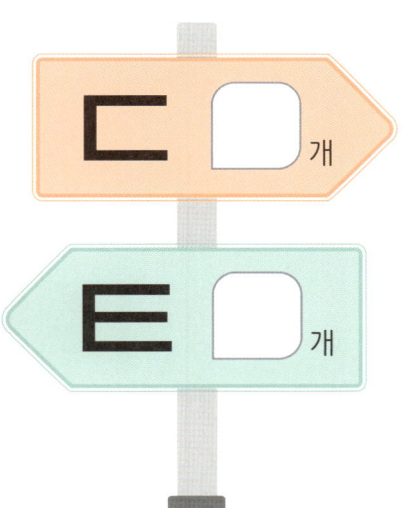

ㄷ ☐ 개

ㅌ ☐ 개

음운 문해 ㅌ이 들어 있는 글자에 ○표를 해 보세요.

토마토랑 느타리로
무얼 만들지?
후루룩 냠냠
스파게티 만들지!

 모양 | 이름 | 소리

음운 읽기 ㅁ의 모양을 살펴보며 소리를 따라 해 보세요.

읽기 쓰기 ㅁ을 읽고 써 보세요.

ㅂ 모양 | 이름 | 소리

음운 읽기 ㅂ의 모양을 살펴보며 소리를 따라 해 보세요.

>> 자음 ㅁ의 위쪽으로 모양이 길어져서 ㅂ이 되었음을 알게 해 주세요.

읽기 쓰기 ㅂ을 읽고 써 보세요.

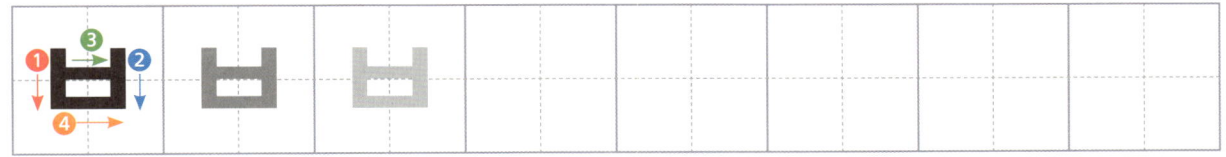

바지   버스   비누   벼

ㅍ 모양 | 이름 | 소리

음운 읽기 ㅍ의 모양을 살펴보며 소리를 따라 해 보세요.

ㅁ ㅍ ㅍ | ㅍ은 피읖 | 프라이팬 할 때 [프]

» 자음 ㅁ의 양쪽으로 모양이 길어져서 ㅍ이 되었음을 알게 해 주세요.

읽기 쓰기 ㅍ을 읽고 써 보세요.

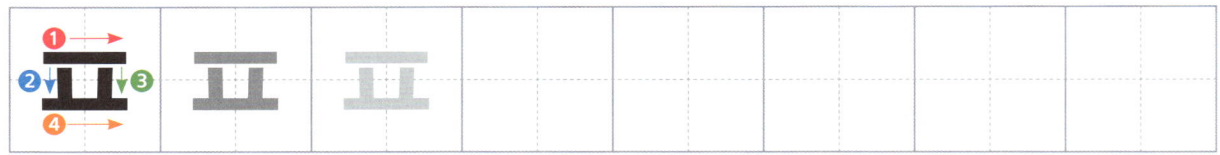

파 / 파도 / 포크 / 피자

재미있게 마무리하기

음운 그림 속에서 ㅁ과 ㅂ과 ㅍ을 찾아 ○표를 하고 각각 몇 개인지 써 보세요.

음운 **문해** ㅂ이 들어 있는 글자에 ○표를 해 보세요.

물고기 잡으러
바다에 가요.
부르릉 버스도 타고,
통통통 보트도 타요.

ㅅ ㅈ ㅊ

 모양 | 이름 | 소리

음운 읽기 ㅅ의 모양을 살펴보며 소리를 따라 해 보세요.

ㅅ은 시옷

스티커 할 때 [스]

읽기 쓰기 ㅅ을 읽고 써 보세요.

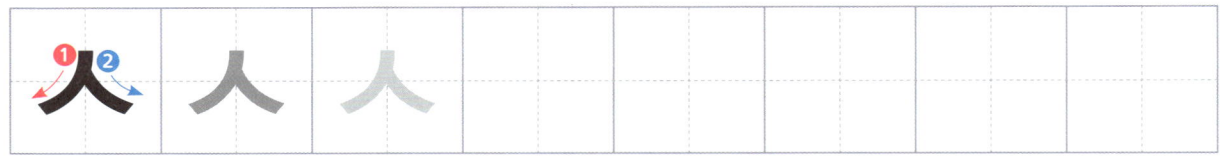

| 사자 | 수도 | 소 | 마스크 |
| ㅏ자 | ㅜ도 | ㅗ | 마ㅡ크 |

48 ㄱ ㄴ ㄷ ㄹ ㅁ ㅂ ㅅ ㅇ ㅈ ㅊ ㅋ ㅌ ㅍ ㅎ

월   일

 모양 | 이름 | 소리

음운 읽기 ㅈ의 모양을 살펴보며 소리를 따라 해 보세요.

치즈 할 때

[즈]

ㅅ ㅈ ㅈ

ㅈ은 **지읒**

» 자음 ㅅ의 위쪽에 한 획이 붙어서 ㅈ이 되었음을 알게 해 주세요.

읽기 쓰기 ㅈ을 읽고 써 보세요.

| ㅈ | ㅈ | ㅈ | | | | | | | |

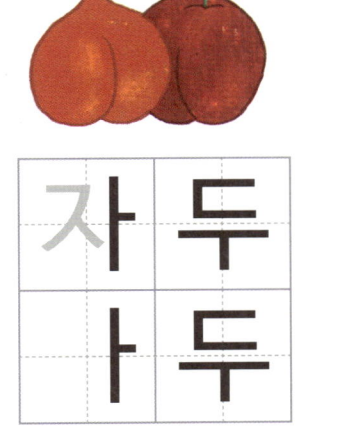

자두

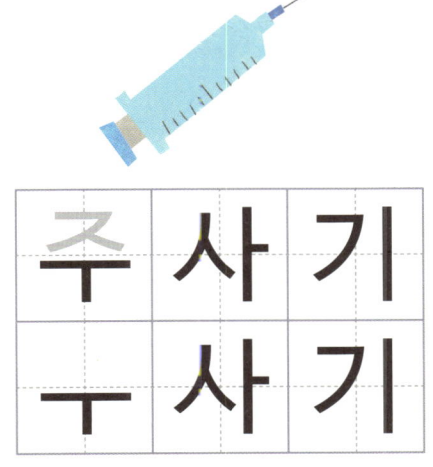

주사기

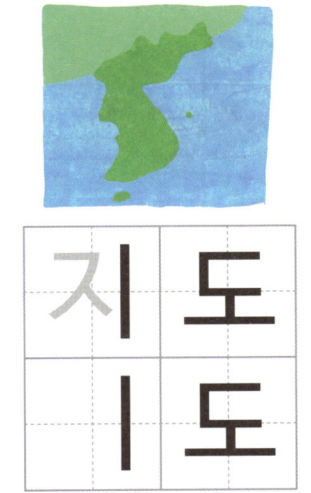

지도

ㅊ 모양 | 이름 | 소리

음운 읽기 ㅊ의 모양을 살펴보며 소리를 따라 해 보세요.

ㅈ ㅊ ㅊ

ㅊ은 치읓 셔츠 할 때 [ㅊ]

≫ 자음 ㅈ의 위쪽에 한 획이 추가되어 ㅊ이 되었음을 알게 해 주세요.

읽기 쓰기 ㅊ을 읽고 써 보세요.

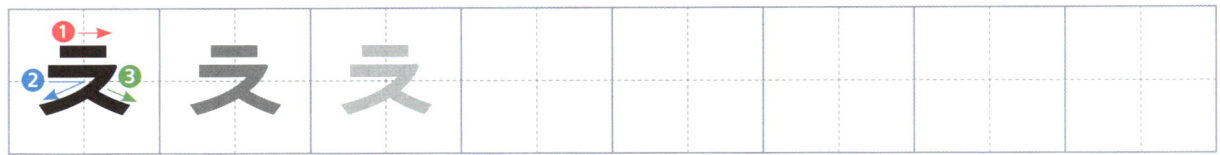

마차 초 부추 치마

재미있게 마무리하기

음운 그림에서 ㅅ과 ㅈ과 ㅊ을 찾아 ○표를 하고 각각 몇 개인지 써 보세요.

음운 문해 ㅅ이 들어 있는 글자에 ○표를 해 보세요.

쉬! 조용!
소시지 위에서
파리랑 모기가
시소 타나 봐.

ㅇ ㅎ

ㅇ 모양 | 이름 | 소리

음운 읽기 ㅇ의 모양을 살펴보며 소리를 따라 해 보세요.

ㅇ은 이응   으앙 할 때   [으]

» ㅇ이 글자의 처음에 올 때에는 소리가 나지 않으므로, 소리보다는 '이응'이라는 이름과 글자 모양을 중심으로 익히도록 지도해 주세요.

읽기 쓰기 ㅇ을 읽고 써 보세요.

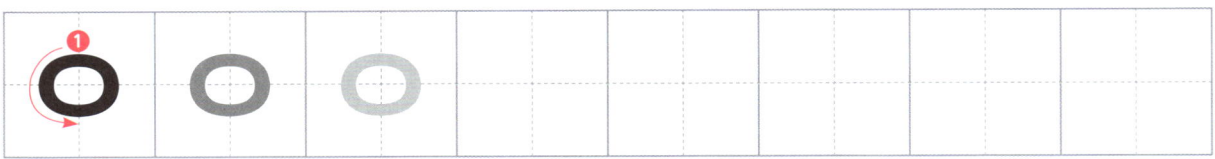

어부   오이   유리   이사

11일

  모양 | 이름 | 소리

음운 읽기 ㅎ의 모양을 살펴보며 소리를 따라 해 보세요.

ㅇ ㅎ ㅎ | ㅎ은 **히읗** | 흐흐 할 때 **[흐]**

» 자음 ㅇ의 위쪽에 두 획이 붙은 것이 ㅎ임을 알게 해 주세요.

읽기 쓰기 ㅎ을 읽고 써 보세요.

ㅎ	ㅎ	ㅎ						

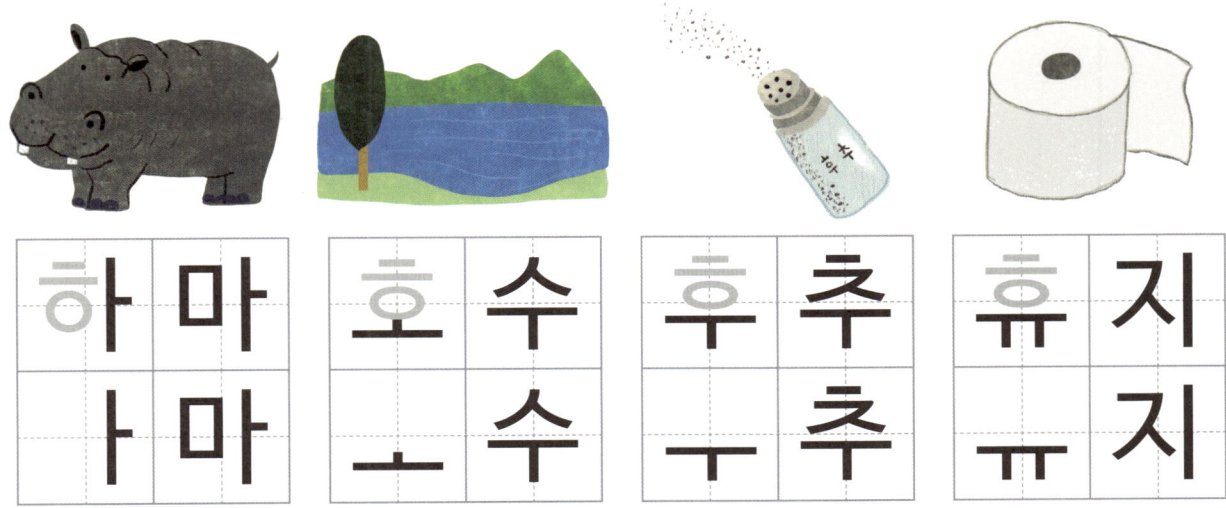

하마 호수 후추 휴지

 글자

읽기 쓰기 그림의 이름을 말하고 빈칸에 ㅇ이나 ㅎ을 써 보세요.

음운 쓰기 ㅇ과 ㅎ 중 어떤 자음자가 들어 있는지 ☐에 써 보세요.

아우 오이

하트 휴가

재미있게 마무리하기

음운 그림 속에서 ㅇ과 ㅎ을 찾아 ○표를 하고 각각 몇 개인지 써 보세요.

음운 문해 ㅎ이 들어 있는 글자에 ○표를 해 보세요.

호주머니에
무엇이 있게?
호두가 하나,
사탕이 아홉.

● 글자를 소리 내어 차례대로 읽어 보세요.

기역 니은 디귿 리을 미음 비읍 시옷

ㄱ ㄴ ㄷ ㄹ ㅁ ㅂ ㅅ

● 와 같은 자음자가 들어 있는 글자를 줄로 이어 보세요.

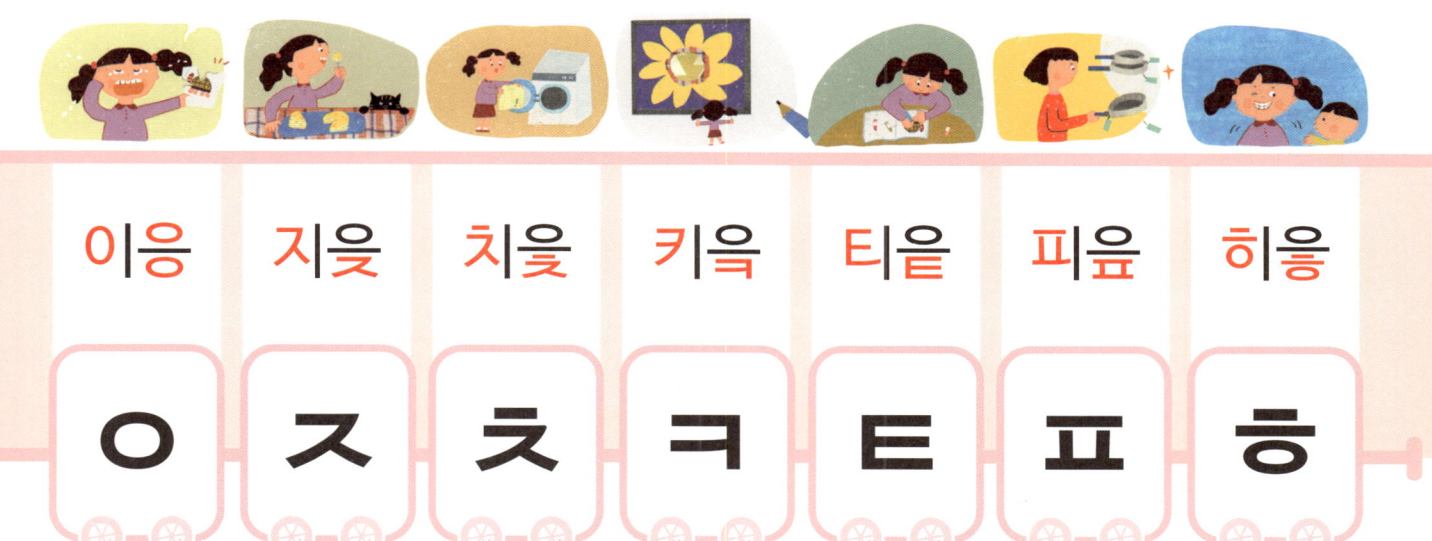

● ■와 같은 자음자가 들어 있는 글자를 줄로 이어 보세요.

| 조자 | 여이 | 차초 | 표퍼 | 커크 | 토튜 | 후혀 |

🔵 글자를 소리 내어 읽으면서 따라 써 보세요.

🔵 자음자의 순서에 맞게 줄을 이어 보세요.

🔵 빈칸에 알맞은 자음자를 써 보세요.

아~이 하~히

아~이 하~히　　짜임과 소리

> 자모음의 결합으로 음절을 이루는 조음 원리를 표현한 그림입니다. [흐어흐어]→[허]와 같이 자음과 모음을 빠르게 붙여 읽게 해 주세요.

음운 읽기 글자가 만들어지는 모양을 살펴보고 소리 내어 읽어 보세요.

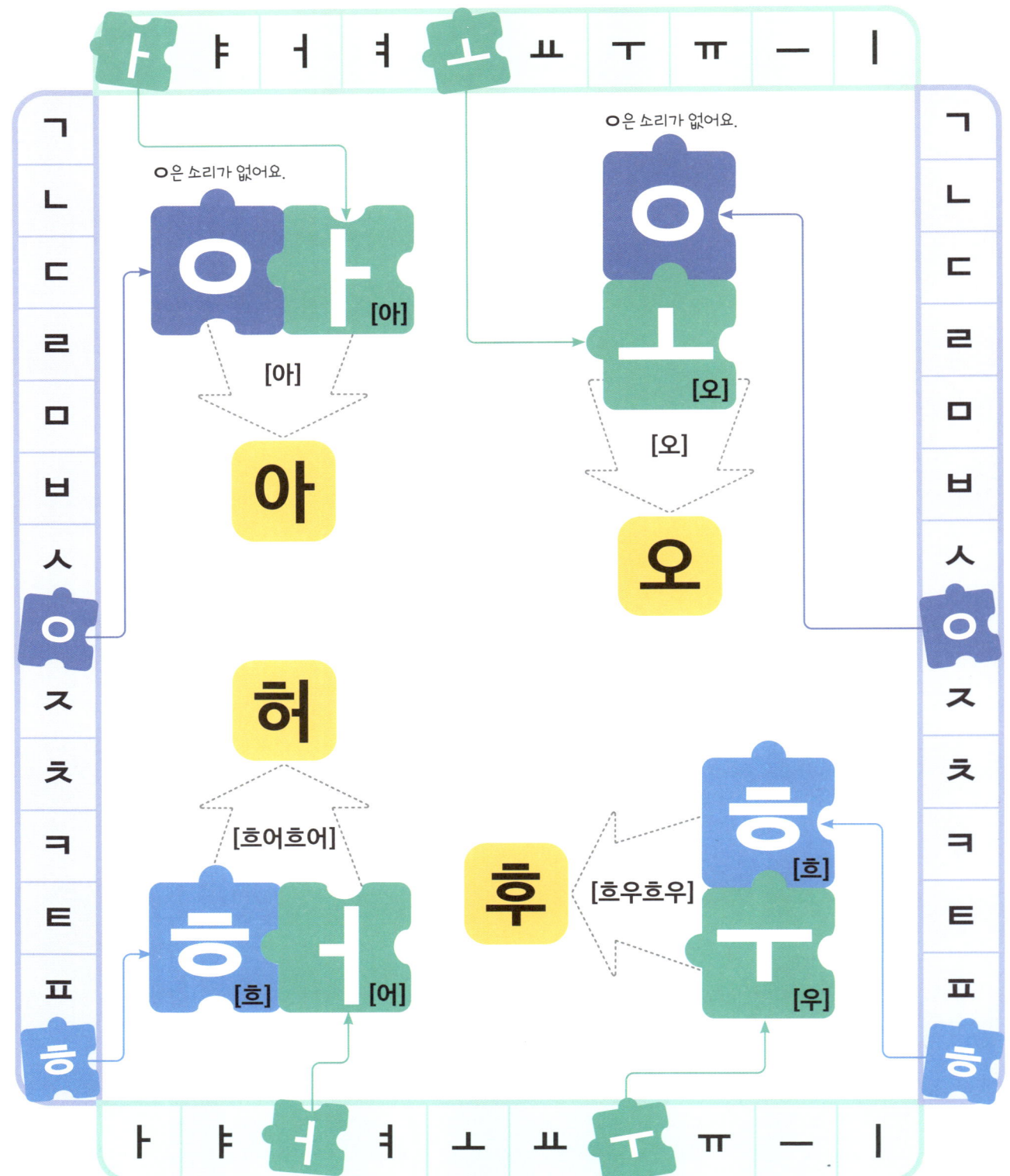

아야어여오요우유으이

음운 읽기 쓰기 만든 글자를 읽으면서 따라 써 보세요.

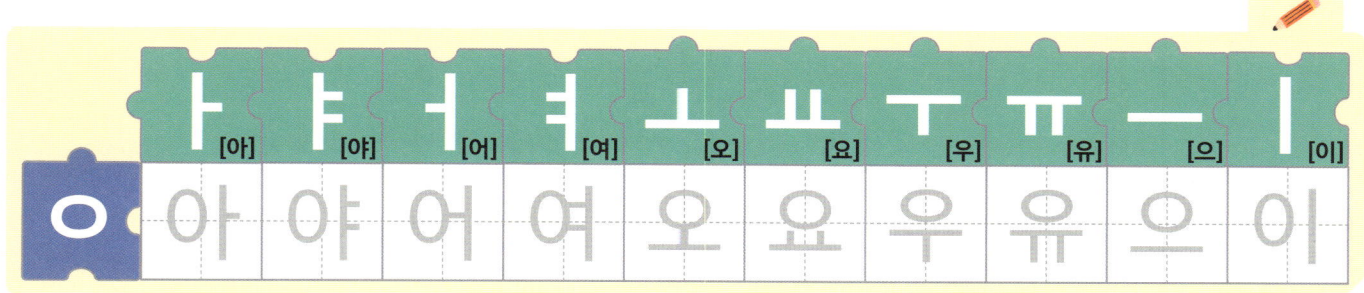

읽기 쓰기 글자를 소리 내어 읽고 써 보세요.

아버지

어머니

여우

오리

요리

우유

하 햐 허 혀 호 효 후 휴 흐 히

음운 쓰기 만든 글자를 읽으면서 따라 써 보세요.

ㅏ[아]	ㅑ[야]	ㅓ[어]	ㅕ[여]	ㅗ[오]	ㅛ[요]	ㅜ[우]	ㅠ[유]	ㅡ[으]	ㅣ[이]
하	햐	허	혀	호	효	후	휴	흐	히

ㅎ[흐]

읽기 쓰기 글자를 소리 내어 읽고 써 보세요.

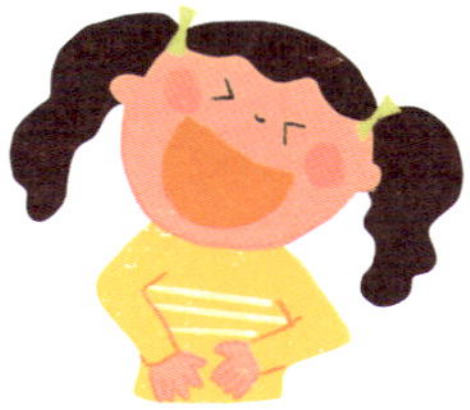

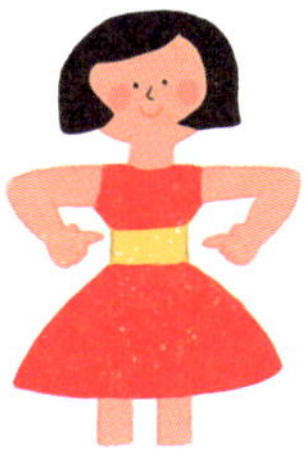

하하 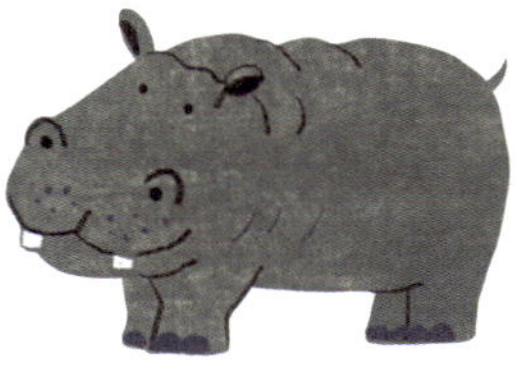   하마   허리   혀

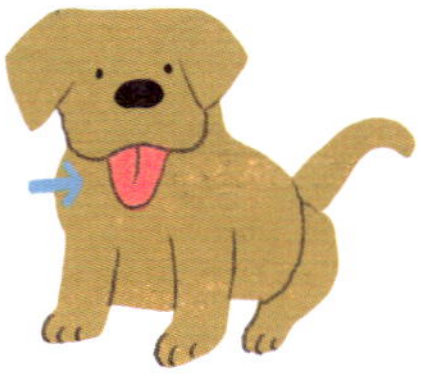

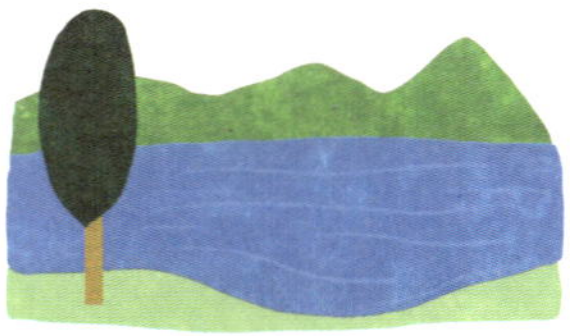

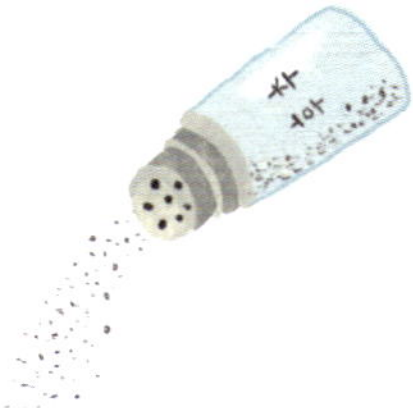

호수   후추   효도   휴지

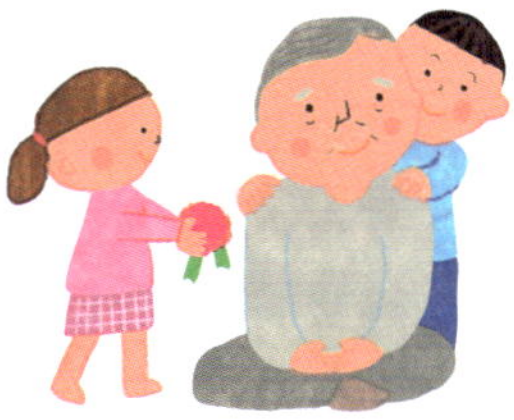

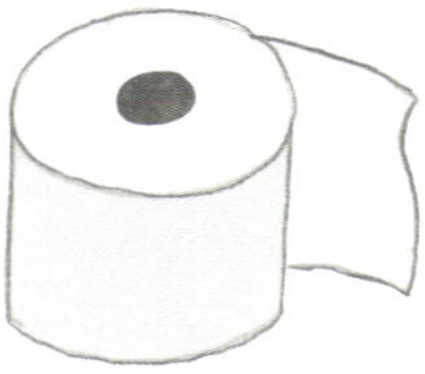

재미있게 마무리하기

쓰기 어휘 그림에 알맞은 글자를 ▢에서 찾아 써 보세요.

읽기 문해 아는 글자를 손으로 짚어 가며 읽어 보고 ○표를 해 보세요.

야호, 신난다!
어휴, 조심해!
후후, 불어 줄게.

» 한글 공부의 즐거움을 느낄 수 있도록 리듬감을 살려 읽어 주세요.
한글 습득 후에 글을 읽고 이해하는 능력을 키우는 데에도 도움이 됩니다.

가~기 카~키

가~기   카~키   짜임과 소리

음운 읽기 글자가 만들어지는 모양을 살펴보고 소리 내어 읽어 보세요.

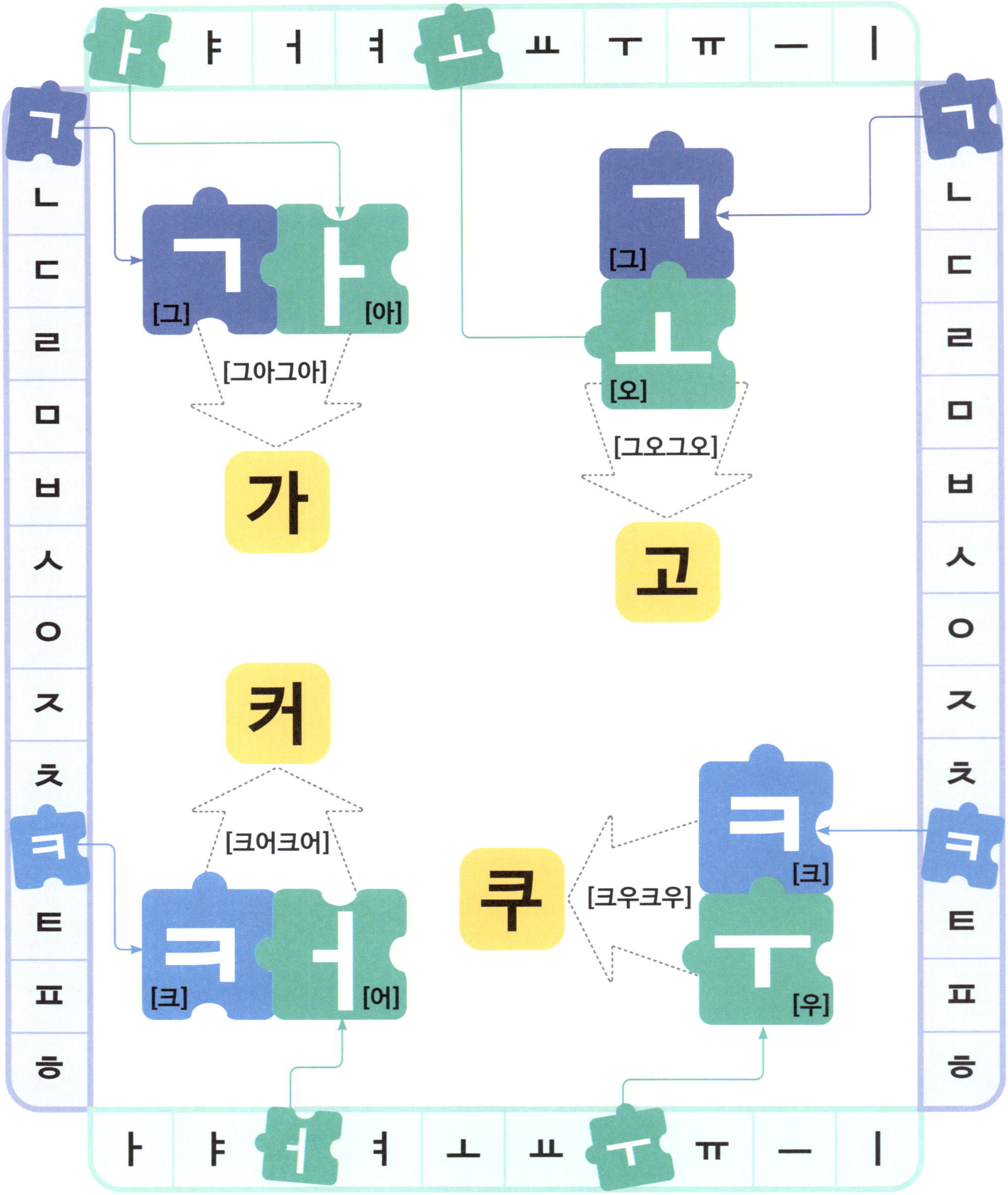

ㅏ ㅑ ㅓ ㅕ ㅗ ㅛ ㅜ ㅠ ㅡ ㅣ

ㄱ [그] + ㅏ [아] → [그아그아] → 가

ㄱ [그] + ㅗ [오] → [그오그오] → 고

ㅋ [크] + ㅓ [어] → [크어크어] → 커

ㅋ [크] + ㅜ [우] → [크우크우] → 쿠

ㄱ ㄴ ㄷ ㄹ ㅁ ㅂ ㅅ ㅇ ㅈ ㅊ ㅋ ㅌ ㅍ ㅎ

ㅏ ㅑ ㅓ ㅕ ㅗ ㅛ ㅜ ㅠ ㅡ ㅣ

66

월 일 **14**일

가 갸 거 겨 고 교 구 규 그 기

음운 읽기 쓰기 만든 글자를 읽으면서 따라 써 보세요.

ㅏ[아]	ㅑ[야]	ㅓ[어]	ㅕ[여]	ㅗ[오]	ㅛ[요]	ㅜ[우]	ㅠ[유]	ㅡ[으]	ㅣ[이]
ㄱ[그] 가	갸	거	겨	고	교	구	규	그	기

읽기 쓰기 글자를 소리 내어 읽고 써 보세요.

가구

거미미

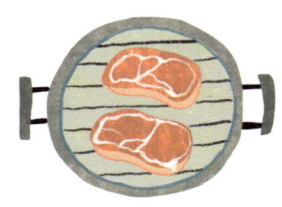
고기

그네네

겨자자

교실실

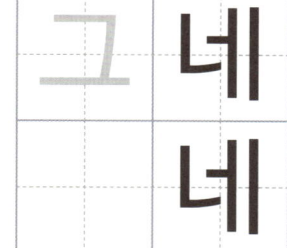
고구마마

카 캬 커 켜 코 쿄 쿠 큐 크 키

음운 읽기 쓰기 만든 글자를 읽으면서 따라 써 보세요.

ㅏ [아]	ㅑ [야]	ㅓ [어]	ㅕ [여]	ㅗ [오]	ㅛ [요]	ㅜ [우]	ㅠ [유]	ㅡ [으]	ㅣ [이]
ㅋ [크] 카	캬	커	켜	코	쿄	쿠	큐	크	키

읽기 쓰기 글자를 소리 내어 읽고 써 보세요.

코

카드
드

커튼
튼

쿠키

키

마스크
마스

코스모스
스모스

쓰기 어휘 그림에 알맞은 글자를 ▨에서 찾아 써 보세요.

겨
기
코

읽기 문해 아는 글자를 손으로 짚어 가며 읽어 보고 ○표를 해 보세요.

고구마를 먹어요.
엄마는 커피랑 먹고,
나는 우유랑 먹어요.

나~니 라~리

나~니 **라~리** 짜임과 소리

음운 읽기 글자가 만들어지는 모양을 살펴보고 소리 내어 읽어 보세요.

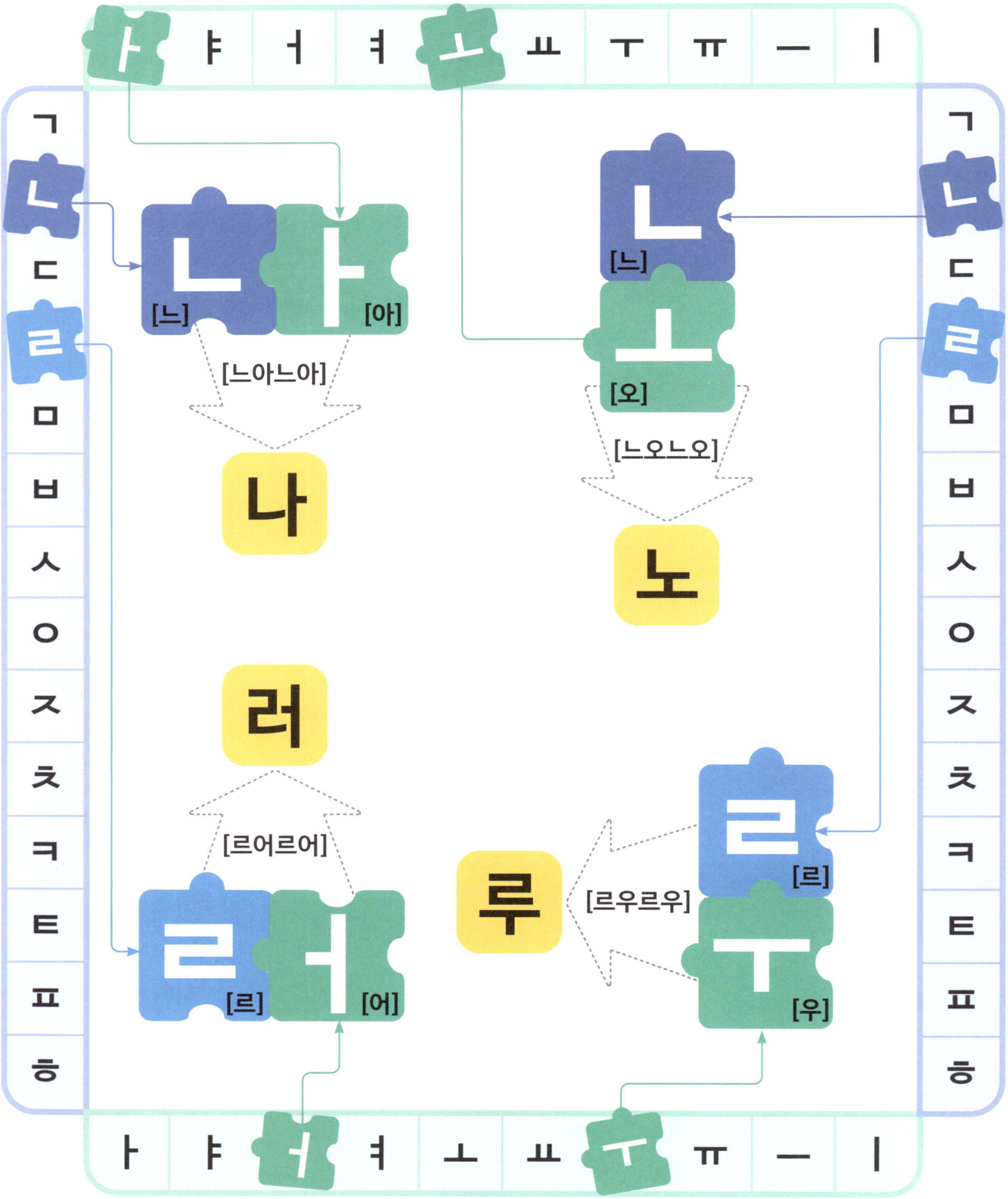

월   일   15일

나 냐 너 녀 노 뇨 누 뉴 느 니

음운 읽기 쓰기 만든 글자를 읽으면서 따라 써 보세요.

ㅏ[아]	ㅑ[야]	ㅓ[어]	ㅕ[여]	ㅗ[오]	ㅛ[요]	ㅜ[우]	ㅠ[유]	ㅡ[으]	ㅣ[이]
나	냐	너	녀	노	뇨	누	뉴	느	니

ㄴ[느]

읽기 쓰기 글자를 소리 내어 읽고 써 보세요.

나 무
무

누 나

피 아 노
피

비 누
비

주 머 니
주 머

느 리 다
리 다

라 랴 러 려 로 료 루 류 르 리

음운 읽기 쓰기 만든 글자를 읽으면서 따라 써 보세요.

ㅏ[아]	ㅑ[야]	ㅓ[어]	ㅕ[여]	ㅗ[오]	ㅛ[요]	ㅜ[우]	ㅠ[유]	ㅡ[으]	ㅣ[이]
라	랴	러	려	로	료	루	류	르	리

ㄹ[르]

읽기 쓰기 글자를 소리 내어 읽고 써 보세요.

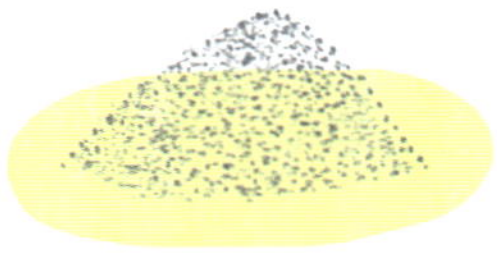

가 루

너 구 리

기 러 기

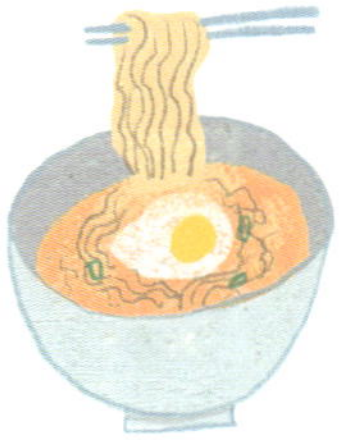

라 면

로 봇

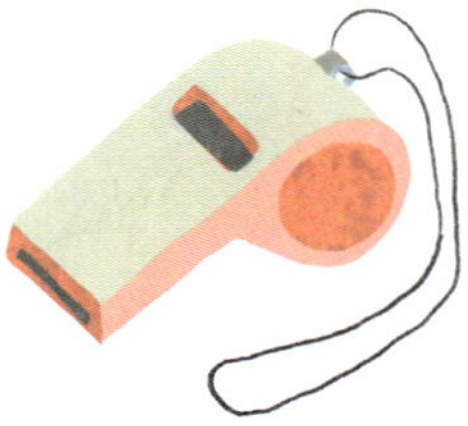

호 루 라 기

재미있게 마무리하기

쓰기 어휘 그림에 알맞은 글자를 ▢에서 찾아 써 보세요.

읽기 문해 아는 글자를 손으로 짚어 가며 읽어 보고 ○표를 해 보세요.

피아노는 노래 상자.
누르면 나와요.
랄랄라 신나는 노래!

쏙쏙 받침 없는 글자 ①

● 자음과 모음을 합하여 빈칸에 알맞은 글자를 써 보세요.

	ㅏ	ㅑ	ㅓ	ㅕ	ㅗ	ㅛ	ㅜ	ㅠ	ㅡ	ㅣ
ㅇ	아	야	어		오	요		유		이
ㅎ	하		허	혀	호		후		흐	히

	ㅏ	ㅑ	ㅓ	ㅕ	ㅗ	ㅛ	ㅜ	ㅠ	ㅡ	ㅣ
ㄱ	가	갸		겨		교	구	규	그	
ㅋ		캬	커	켜	코	쿄		큐		키

	ㅏ	ㅑ	ㅓ	ㅕ	ㅗ	ㅛ	ㅜ	ㅠ	ㅡ	ㅣ
ㄴ	나		너	녀	노		누		느	니
ㄹ	라	랴		려		료	루	류	르	

● 눈 오는 날이에요. 눈사람을 만들려면 맞는 글자를 따라가야 해요. 그림에 알맞은 낱말을 골라 길을 따라가 보세요.

● 그림에 알맞은 글자를 찾아 O표를 하고 빈칸에 써 보세요.

고 （우）
（여） 기
→ 여 우

유 야
어 우

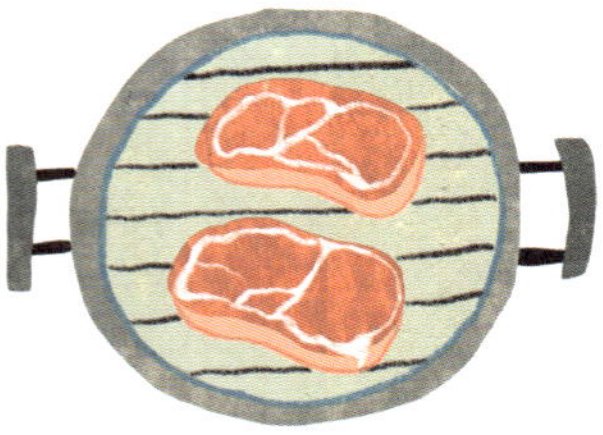

구 고
기 아

리 오
어 니

● 읽을 수 있는 글자에 ○표를 하고 소리 내어 읽어 보세요.

야 호 카
려 커 겨
커 러 어
니 쿠 누
큐 코 라 햐
허 류 루 키
녀 요

» 읽을 수 있는 글자 수가 절반 이하이면 앞에서 배운 음절표를 한 번 더 읽어 보게 해 주세요. 다만 모든 글자를 완벽하게 알지 못하더라도 이후에 반복되는 글자를 통해 익힐 수 있으므로 차근차근 아는 글자를 늘려 가도록 상점 간판이나 텔레비전 자막 등 생활 속에서 자연스럽게 글자 경험을 하도록 해 주세요.

흥부네 박 타는 날, 박 속에서 온갖 물건들이 튀어나왔어요. **같은 모양의 글자 스티커**를 찾아 붙여 보세요.

바나나
구두
사이다
토스트
포도
피아노

다~디 타~티

다~디 타~티   짜임과 소리

음운 읽기 글자가 만들어지는 모양을 살펴보고 소리 내어 읽어 보세요.

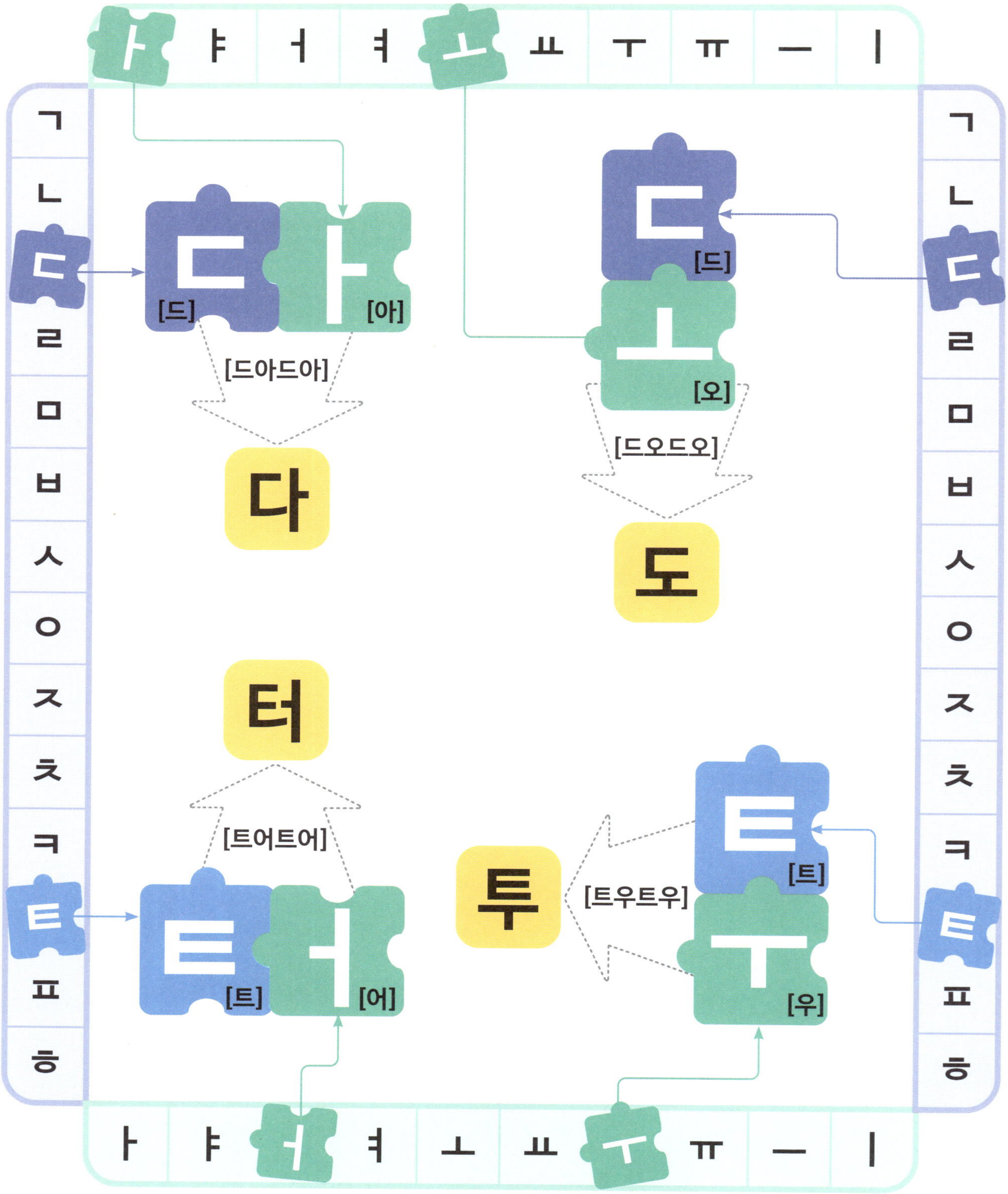

> 자모음의 결합으로 음절을 이루는 조음 원리를 표현한 그림입니다. [드아드아]→[다]와 같이 자음과 모음을 빠르게 붙여 읽게 해 주세요.

다 댜 더 뎌 도 됴 두 듀 드 디

음운 읽기 쓰기 만든 글자를 읽으면서 따라 써 보세요.

ㅏ[아]	ㅑ[야]	ㅓ[어]	ㅕ[여]	ㅗ[오]	ㅛ[요]	ㅜ[우]	ㅠ[유]	ㅡ[으]	ㅣ[이]
ㄷ[드] 다	댜	더	뎌	도	됴	두	듀	드	디

읽기 쓰기 글자를 소리 내어 읽고 써 보세요.

다 리

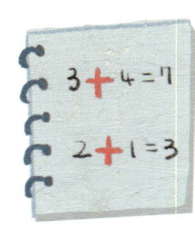

더 하 기

리 코 더

도 마

구 두

두 더 지

타 탸 터 텨 토 툐 투 튜 트 티

음운 읽기 쓰기 만든 글자를 읽으면서 따라 써 보세요.

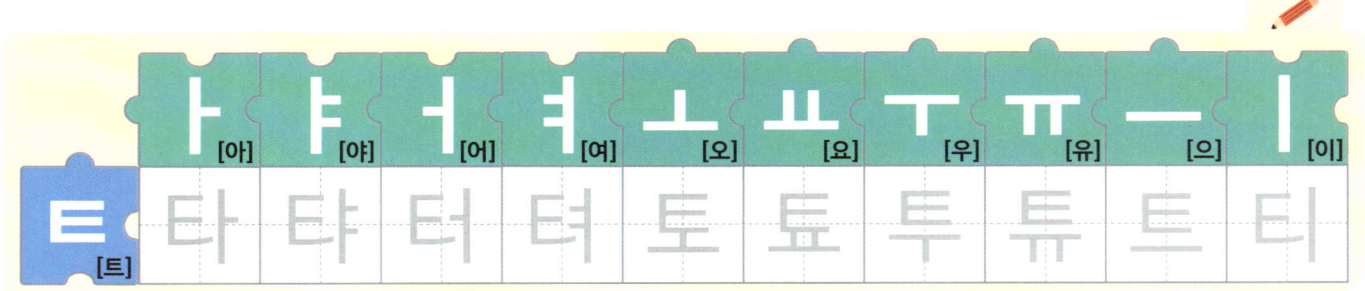

읽기 쓰기 글자를 소리 내어 읽고 써 보세요.

재미있게 마무리하기

쓰기 어휘 그림에 알맞은 글자를 ▢에서 찾아 써 보세요.

읽기 문해 아는 글자를 손으로 짚어 가며 읽어 보고 ○표를 해 보세요.

도토리 하나
또르르 나오고,
다람쥐 한 마리
쪼르르 나와요.

» 한글 공부의 즐거움을 느낄 수 있도록 리듬감을 살려 글을 읽게 해 주세요.
아직 배우지 않은 글자는 읽는 것을 도와주세요.

마~미 바~비 파~피

마~미 바~비 파~피 짜임과 소리

음운 읽기 글자가 만들어지는 모양을 살펴보고 소리 내어 읽어 보세요.

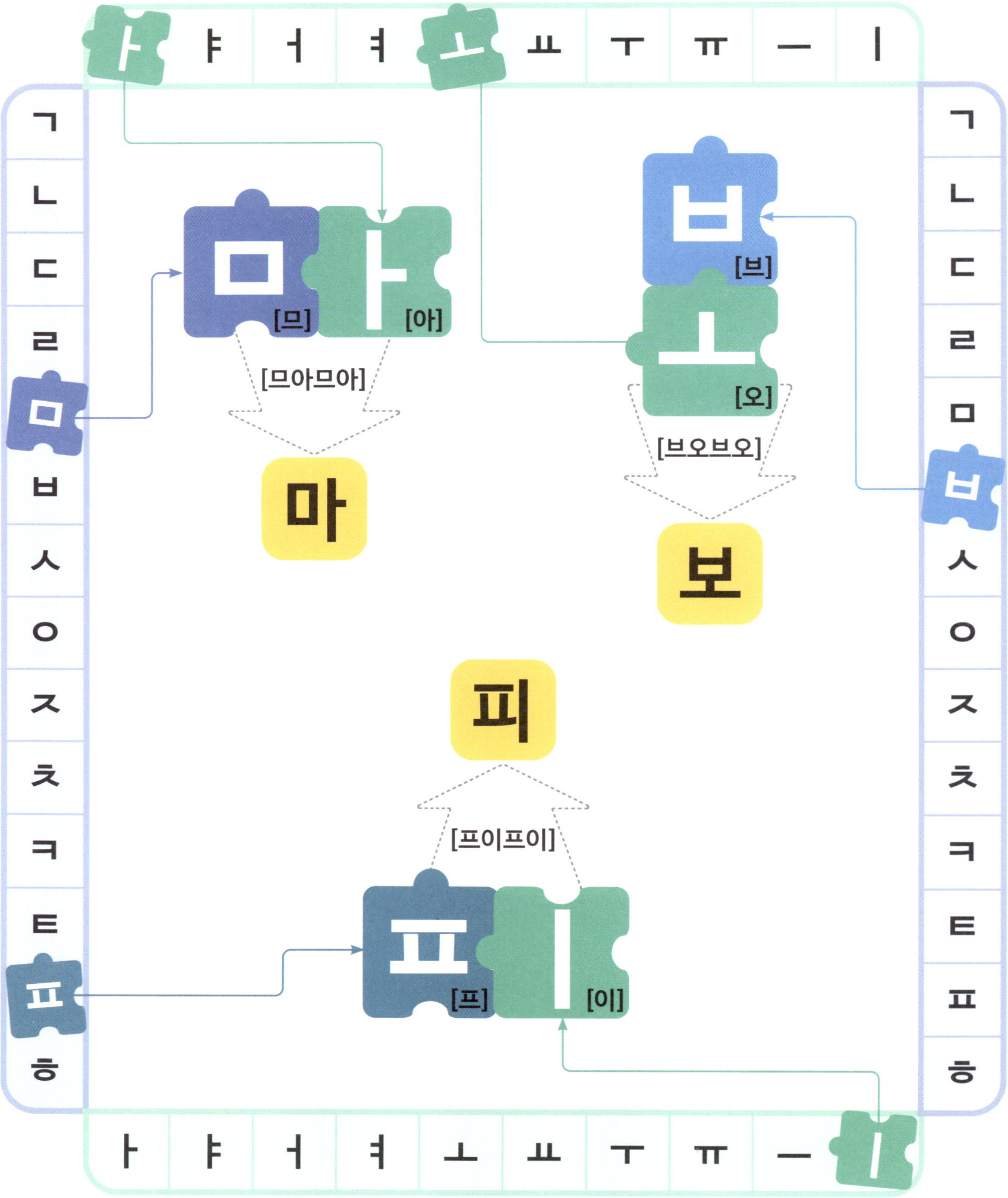

ㅁ[므] + ㅏ[아] → [므아므아] → 마

ㅂ[브] + ㅗ[오] → [브오브오] → 보

ㅍ[프] + ㅣ[이] → [프이프이] → 피

마 먀 머 며 모 묘 무 뮤 므 미

음운 읽기 쓰기 만든 글자를 읽으면서 따라 써 보세요.

	ㅏ [아]	ㅑ [야]	ㅓ [어]	ㅕ [여]	ㅗ [오]	ㅛ [요]	ㅜ [우]	ㅠ [유]	ㅡ [으]	ㅣ [이]
ㅁ [므]	마	먀	머	며	모	묘	무	뮤	므	미

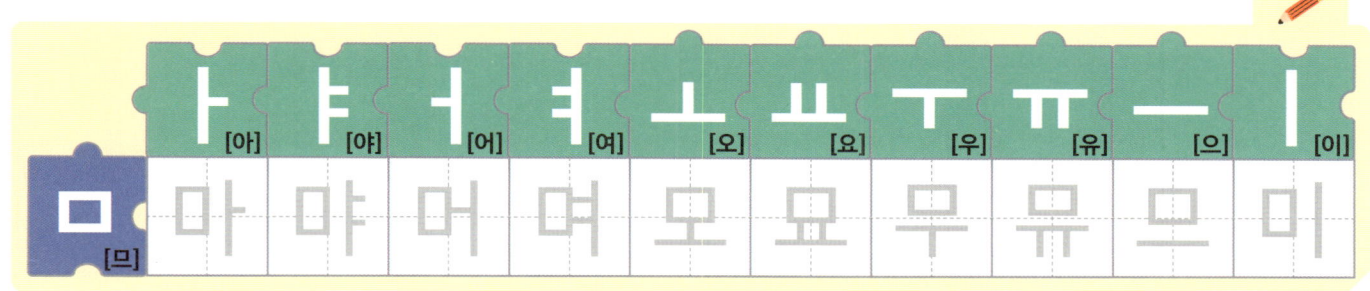

읽기 쓰기 글자를 소리 내어 읽고 써 보세요.

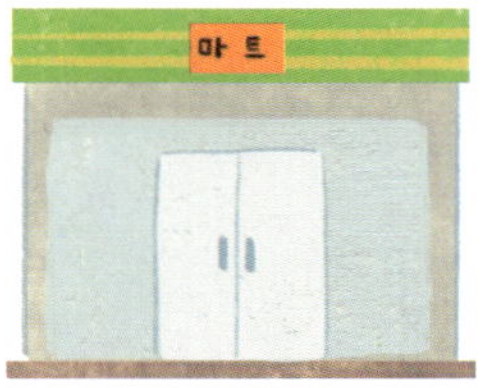

마트

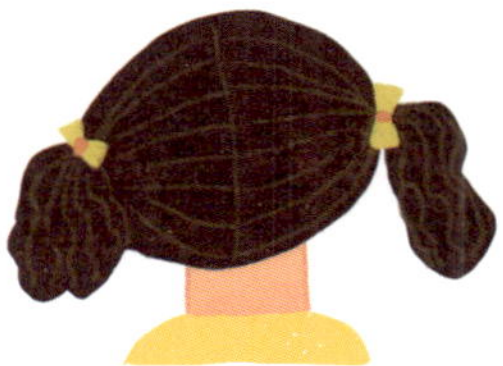

머리

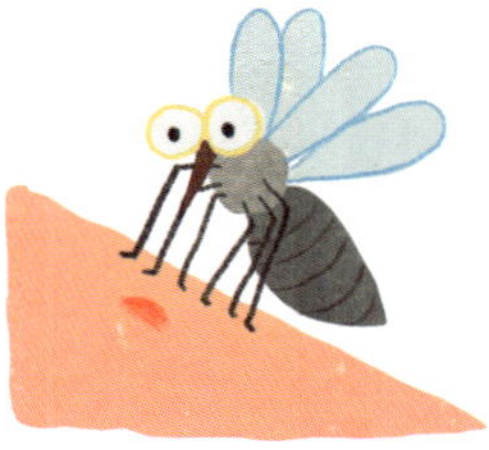

모기

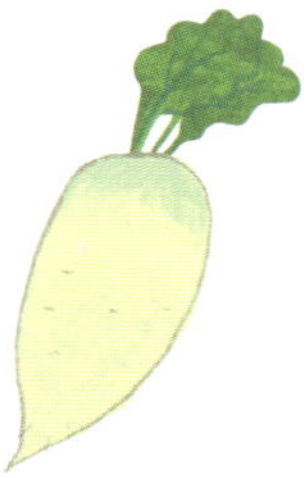

무

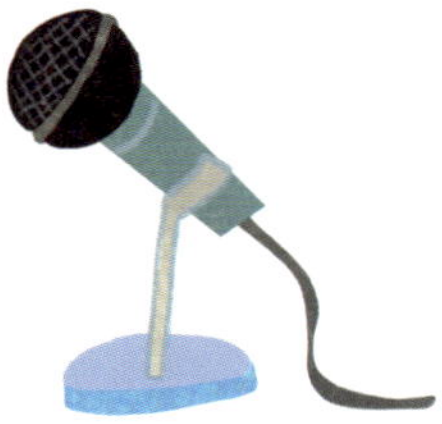

마이크

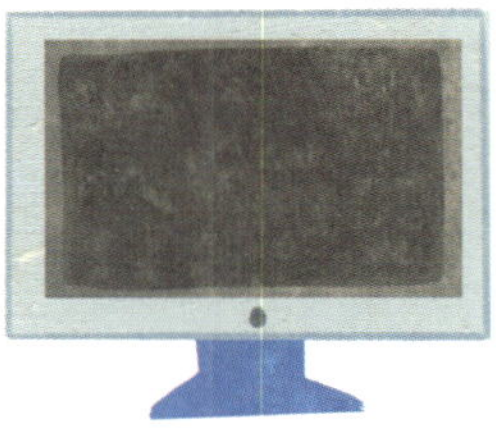

모니터

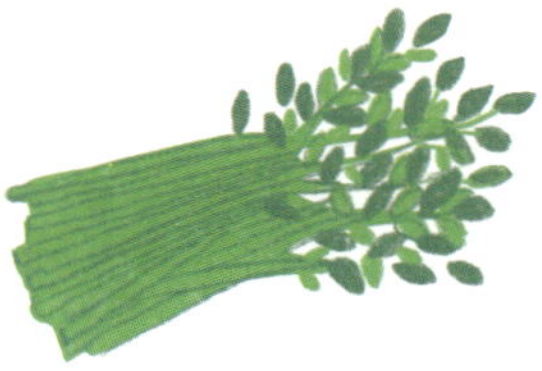

미나리

바 뱌 버 벼 보 뵤 부 뷰 브 비

음운 읽기 쓰기 만든 글자를 읽으면서 따라 써 보세요.

	ㅏ [아]	ㅑ [야]	ㅓ [어]	ㅕ [여]	ㅗ [오]	ㅛ [요]	ㅜ [우]	ㅠ [유]	ㅡ [으]	ㅣ [이]
ㅂ [브]	바	뱌	버	벼	보	뵤	부	뷰	브	비

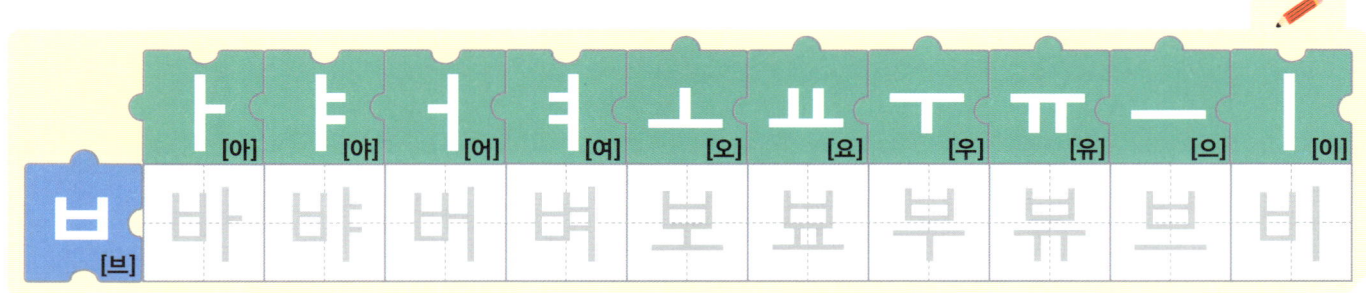

읽기 쓰기 글자를 소리 내어 읽고 써 보세요.

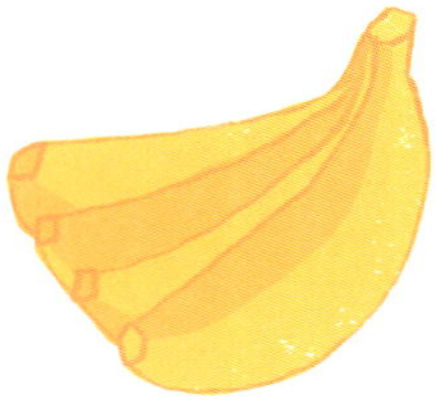

바나나

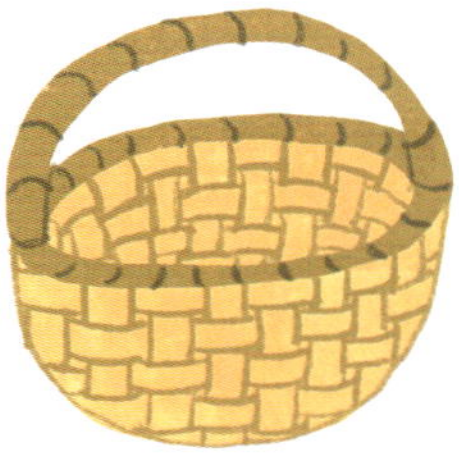

바구니

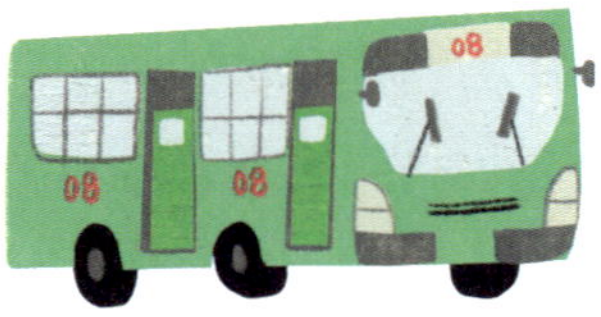

버스

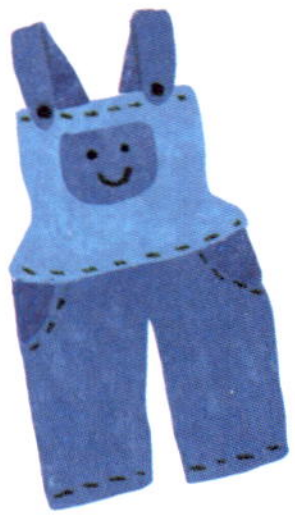

바지

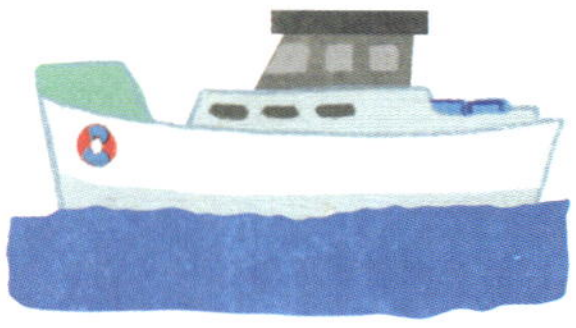

보트

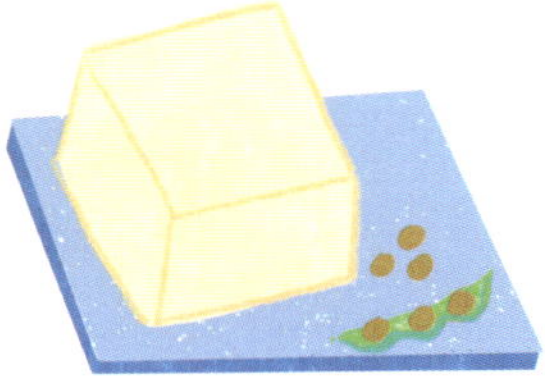

두부

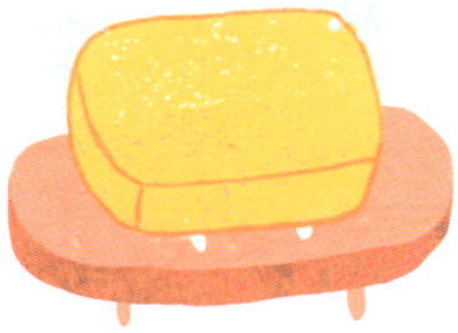

비누

파 퍄 퍼 펴 포 표 푸 퓨 프 피

	ㅏ [아]	ㅑ [야]	ㅓ [어]	ㅕ [여]	ㅗ [오]	ㅛ [요]	ㅜ [우]	ㅠ [유]	ㅡ [으]	ㅣ [이]
ㅍ [프]	파	퍄	퍼	펴	포	표	푸	퓨	프	피

읽기 쓰기 글자를 소리 내어 읽고 써 보세요.

파리

지퍼

지

포도

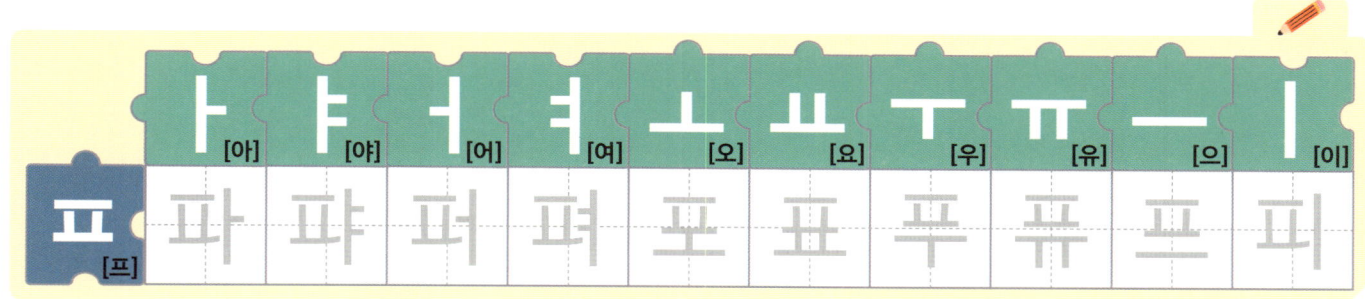

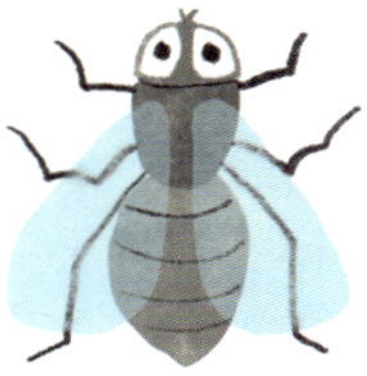

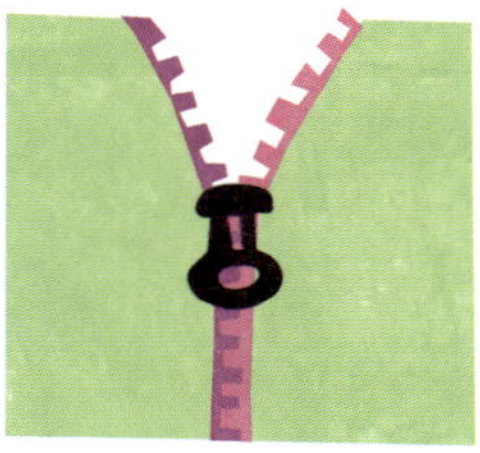

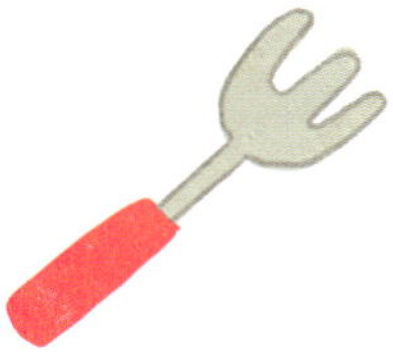

포크

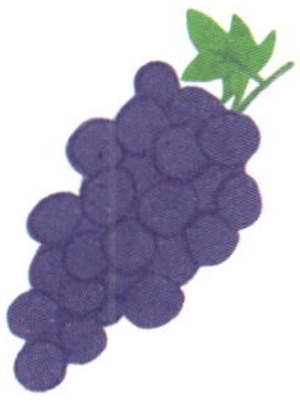

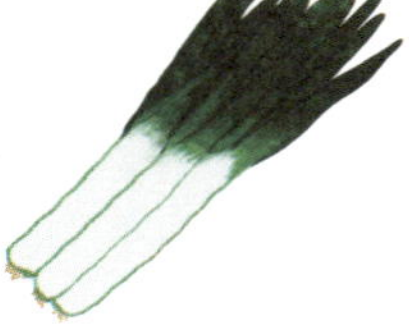

파

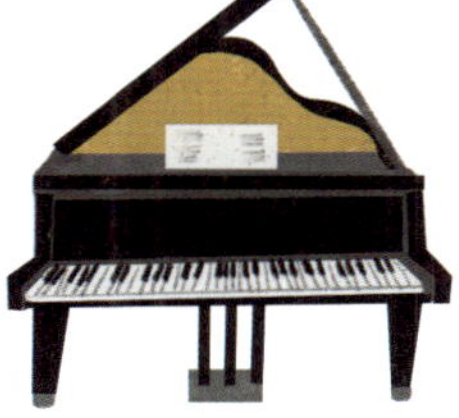

피아노

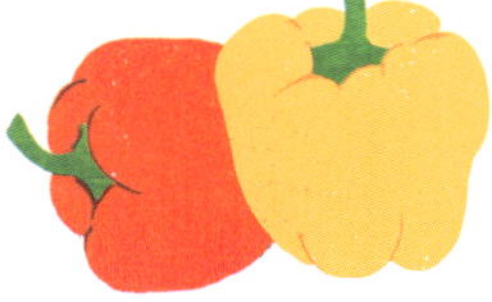

파프리카

쓰기 어휘 빈칸에 알맞은 글자를 ◯에서 골라 써 보세요.

읽기 어휘 그림자에 알맞은 그림과 글자를 줄로 이어 보세요.

쓰기 어휘 그림에 알맞은 글자를 ▭에서 찾아 써 보세요.

읽기 문해 아는 글자를 손으로 짚어 가며 읽어 보고 ○표를 해 보세요.

팔이 아픈 파리와
목이 아픈 모기가
병원에 가요.

사~시 자~지 차~치 짜임과 소리

음운 읽기 글자가 만들어지는 모양을 살펴보고 소리 내어 읽어 보세요.

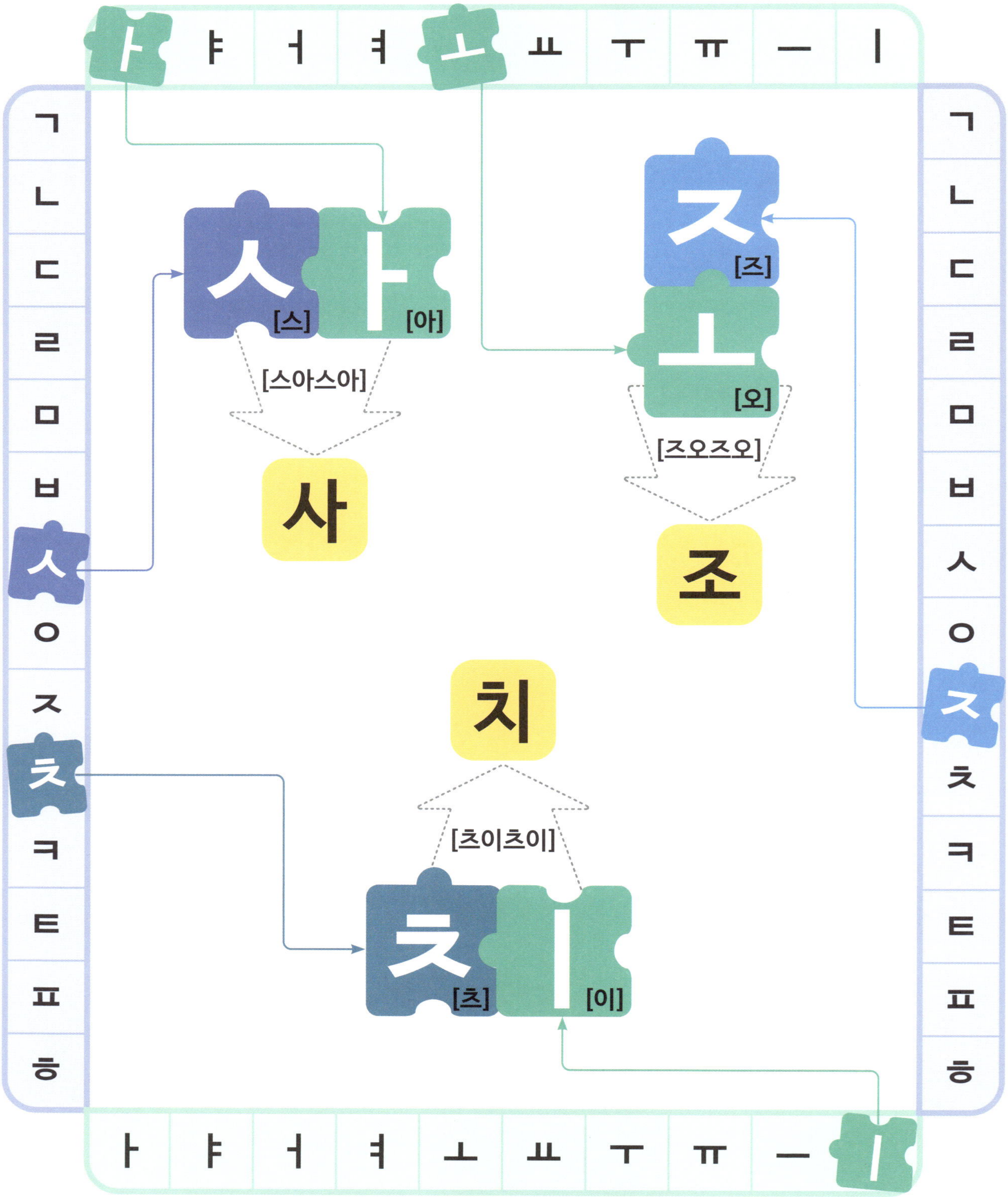

19일

사 샤 서 셔 소 쇼 수 슈 스 시

음운 읽기 쓰기 만든 글자를 읽으면서 따라 써 보세요.

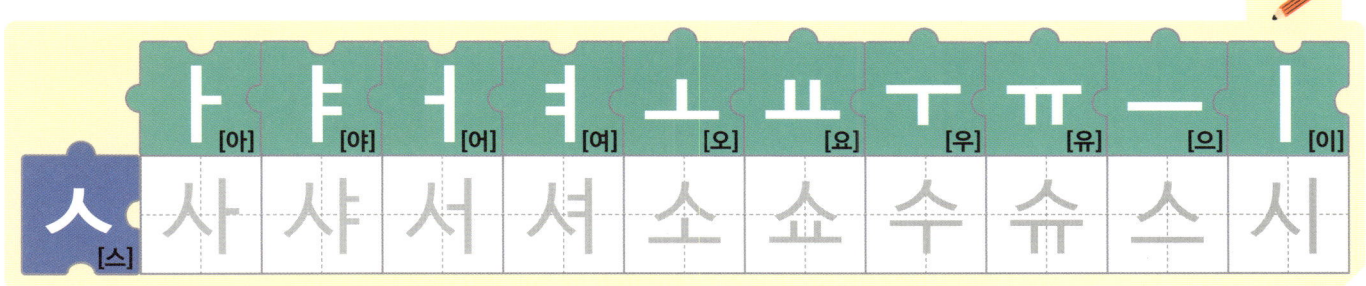

| ㅅ[스] | ㅏ[아] 사 | ㅑ[야] 샤 | ㅓ[어] 서 | ㅕ[여] 셔 | ㅗ[오] 소 | ㅛ[요] 쇼 | ㅜ[우] 수 | ㅠ[유] 슈 | ㅡ[으] 스 | ㅣ[이] 시 |

읽기 쓰기 글자를 소리 내어 읽고 써 보세요.

사자    소파    수도    시소

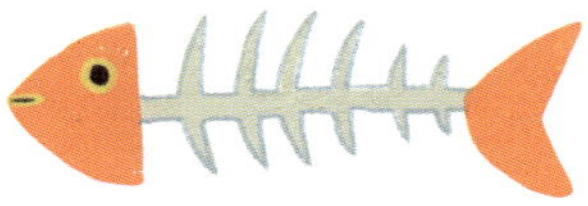

가시 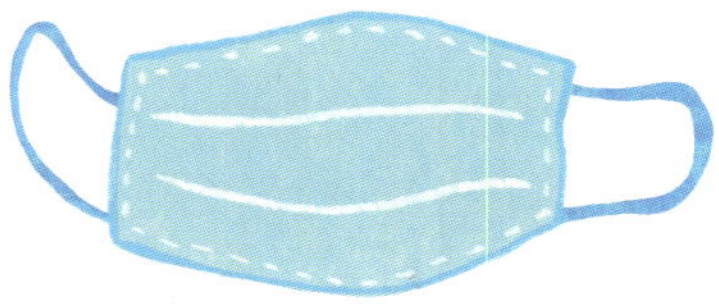   마스크    사이다

자 쟈 저 져 조 죠 주 쥬 즈 지

음운 읽기 쓰기 만든 글자를 읽으면서 따라 써 보세요.

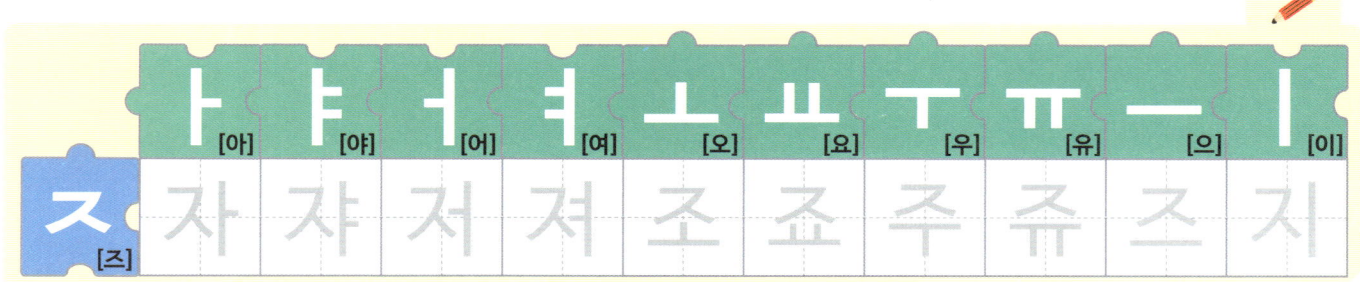

읽기 쓰기 낱말을 소리 내어 읽고 글자를 써 보세요.

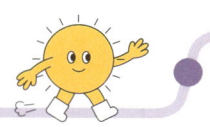

차 챠 처 쳐 초 쵸 추 츄 츠 치

음운 읽기 쓰기 만든 글자를 읽으면서 따라 써 보세요.

	ㅏ [아]	ㅑ [야]	ㅓ [어]	ㅕ [여]	ㅗ [오]	ㅛ [요]	ㅜ [우]	ㅠ [유]	ㅡ [으]	ㅣ [이]
ㅊ [츠]	차	챠	처	쳐	초	쵸	추	츄	츠	치

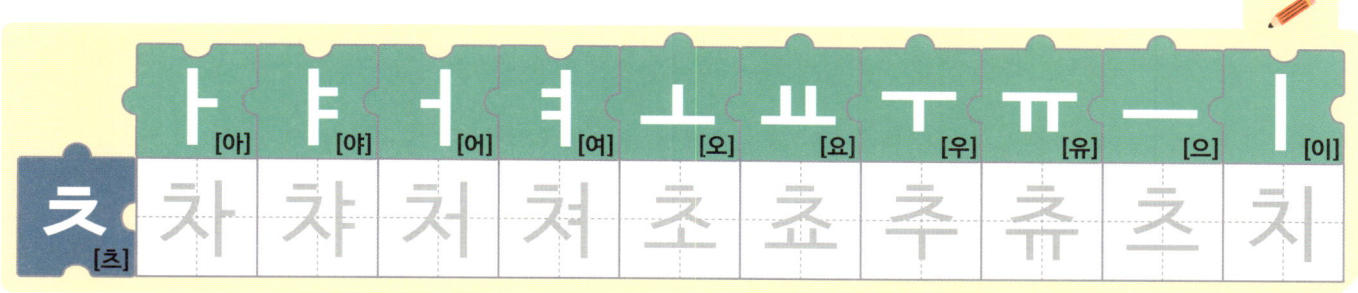

읽기 쓰기 낱말을 소리 내어 읽고 글자를 써 보세요.

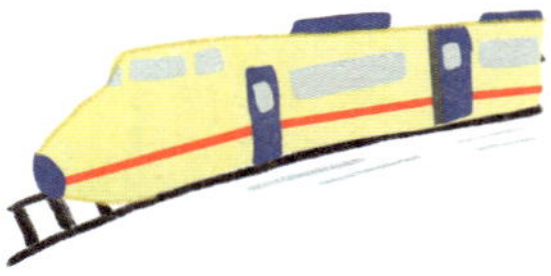

기차

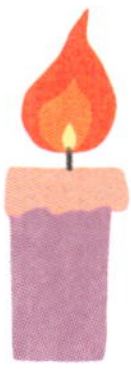

초

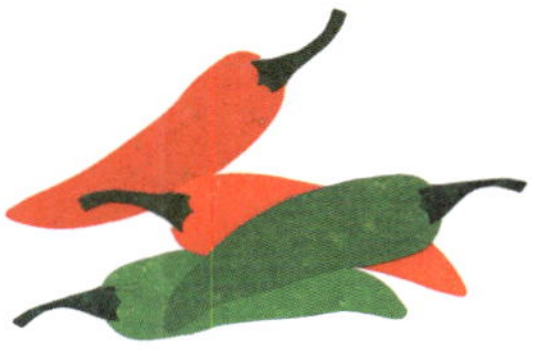

고추

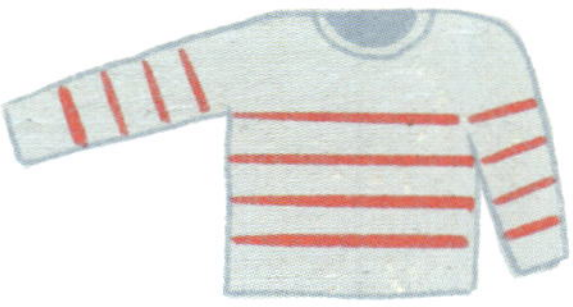

티셔츠

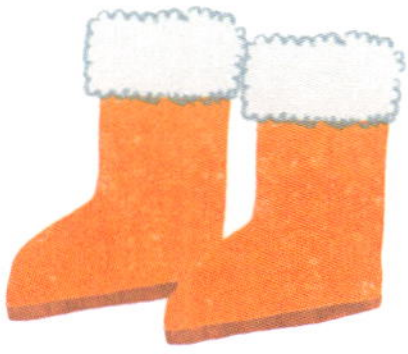

부츠

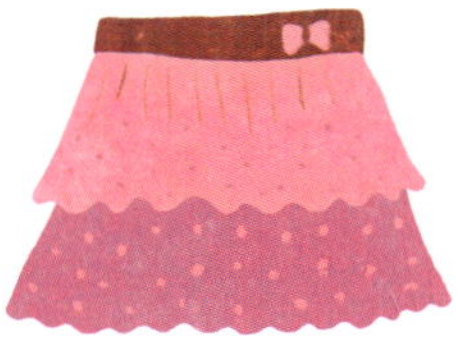

치마

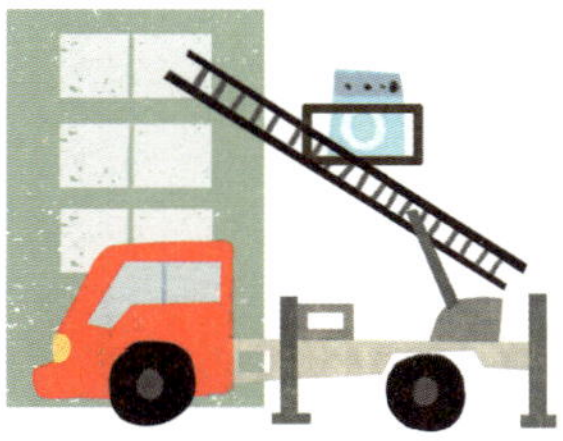

사다리차

재미있게 마무리하기

쓰기 어휘 빈칸에 알맞은 글자를 ◯에서 골라 써 보세요.

읽기 어휘 그림자에 알맞은 그림과 글자를 줄로 이어 보세요.

쓰기 어휘 그림에 알맞은 글자를 ▢에서 찾아 써 보세요.

읽기 문해 아는 글자를 손으로 짚어 가며 읽어 보고 ○표를 해 보세요.

부츠 신고
모자 쓰면
나갈 준비 끝!

● 자음과 모음을 합하여 빈칸에 알맞은 글자를 써 보세요.

	ㅏ	ㅑ	ㅓ	ㅕ	ㅗ	ㅛ	ㅜ	ㅠ	ㅡ	ㅣ
ㄷ	다		더	뎌	도		두	듀		디
ㅌ	타	탸		텨	토	툐			트	티

	ㅏ	ㅑ	ㅓ	ㅕ	ㅗ	ㅛ	ㅜ	ㅠ	ㅡ	ㅣ
ㅁ		먀	머		모	묘		뮤	므	미
ㅂ	바	뱌		벼	보		부	뷰		비
ㅍ	파		퍼	펴	포	표		퓨	프	

	ㅏ	ㅑ	ㅓ	ㅕ	ㅗ	ㅛ	ㅜ	ㅠ	ㅡ	ㅣ
ㅅ	사		서	셔	소		수	슈	스	
ㅈ	자	쟈			조	죠	주		즈	지
ㅊ	차	챠	처		쵸		추	츄	츠	

● 마트에 가서 아이스크림을 사려면 맞는 글자를 따라가야 해요. 그림에 알맞은 낱말을 골라 길을 따라가 보세요.

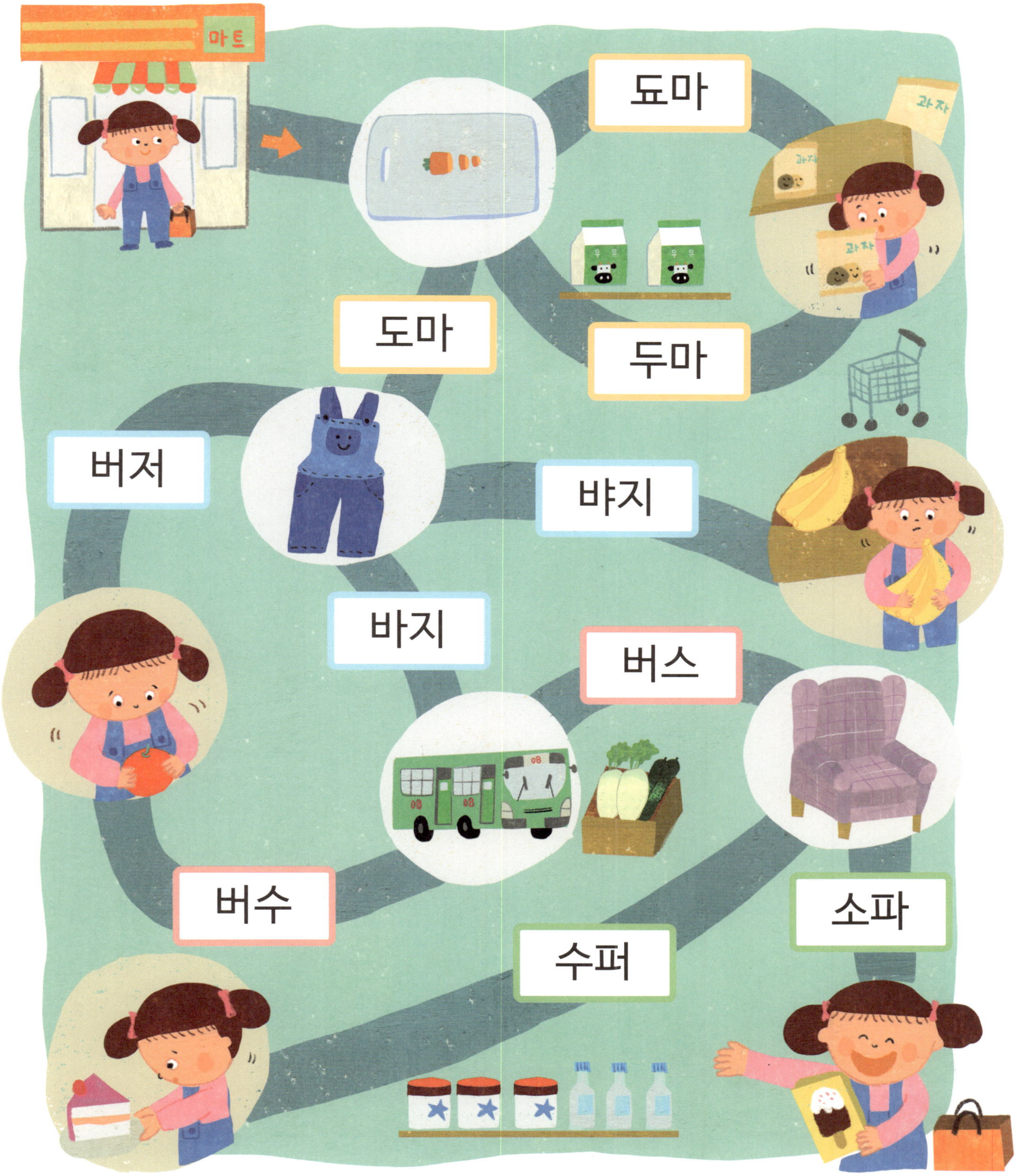

됴마

도마

두마

버저

뱌지

바지

버스

버수

수퍼

소파

● 그림에 알맞은 글자를 찾아 ○표를 하고 빈칸에 써 보세요.

그림	글자	쓰기
구두	고 / (두) / (구) / 드	구 두
모기	미 / 모 / 기 / 가	
비누	비 / 노 / 바 / 누	
포크	크 / 포 / 코 / 푸	

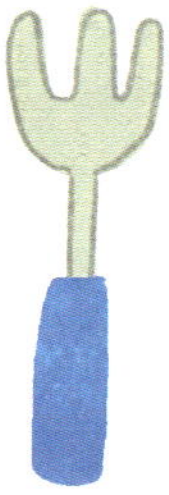

● 읽을 수 있는 글자에 ○표를 하고 소리 내어 읽어 보세요.

더 셔
모 표 버
튜 처 저 토
프 탸 치 펴 뷰
죠 추 티 뱌
묘 드

≫ 읽을 수 있는 글자 수가 절반 이하이면 앞에서 배운 음절표를 한 번 더 읽어 보게 해 주세요. 다만 모든 글자를 완벽하게 알지 못하더라도 이후에 반복되는 글자를 통해 익힐 수 있으므로 차근차근 아는 글자를 늘려 가도록 상점 간판이나 텔레비전 자막 등 생활 속에서 자연스럽게 글자 경험을 하도록 해 주세요.

읽은 글자 ☐ 개

정답

13쪽

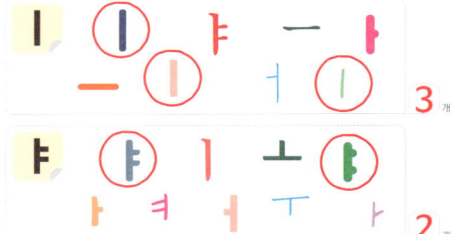

16쪽

17쪽

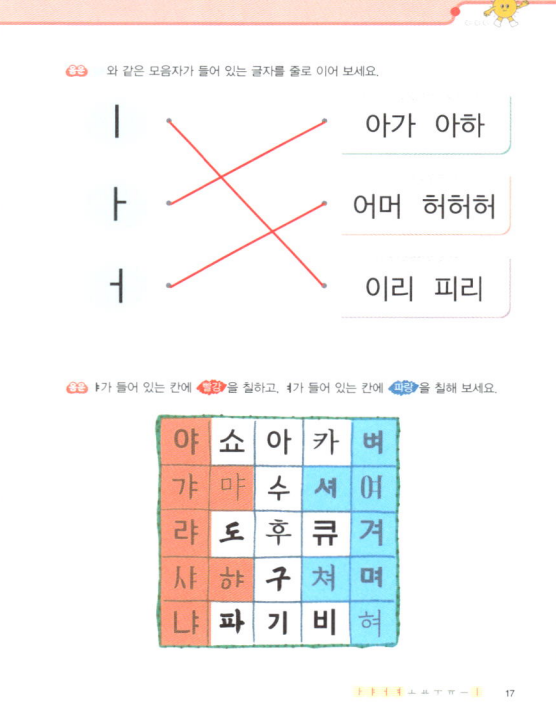

21쪽

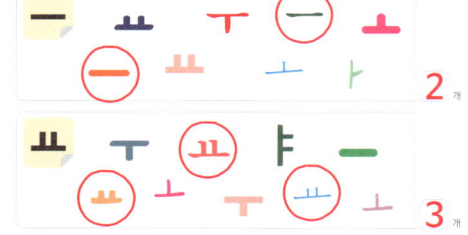

24쪽

25쪽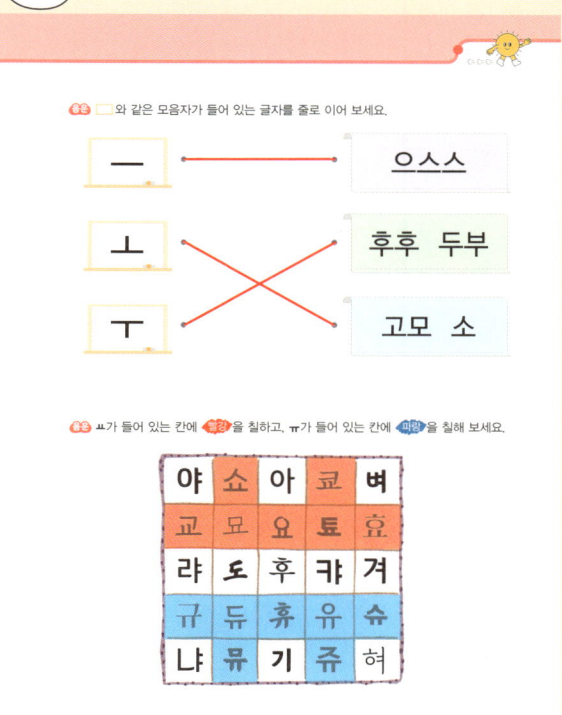

26쪽

27쪽

정답

28쪽
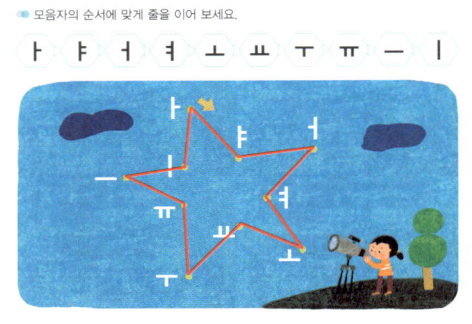

34쪽
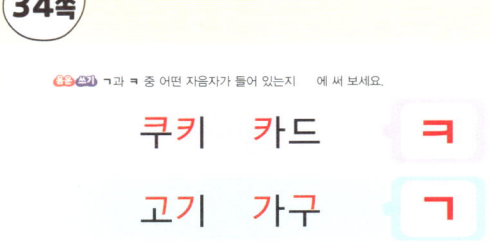

35쪽

38쪽
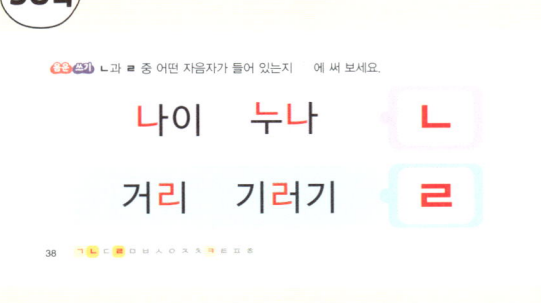

39쪽

42쪽

43쪽

47쪽

51쪽

54쪽

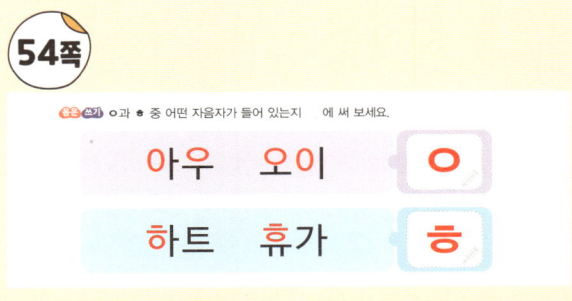

정답

55쪽

56쪽

57쪽

58쪽

65쪽

정답

83쪽

88쪽

89쪽

94쪽

95쪽

 97쪽

 98쪽

초판 발행	2022년 7월 20일
초판 2쇄	2023년 3월 27일
글쓴이	엄은경, 권민희
그린이	차은실
편집	김은경
펴낸이	엄태상
디자인	권진희, 이건화, 김지연
콘텐츠 제작	김선웅, 장형진, 조현준
마케팅본부	이승욱, 왕성석, 노원준, 조성민, 이선민
경영기획	조성근, 최성훈, 정다운, 김다미, 최수진, 오희연
물류	정종진, 윤덕현, 신승진, 구윤주
펴낸곳	시소스터디
주소	서울시 종로구 자하문로 300 시사빌딩
주문 및 문의	1588-1582
팩스	0502-989-9592
홈페이지	www.sisostudy.com
네이버카페	시소스터디공부클럽 cafe.naver.com/sisasiso
인스타그램	instagram.com/siso_study
이메일	sisostudy@sisadream.com
등록일자	2019년 12월 21일
등록번호	제2019 - 000148호

ISBN 979-11-91244-60-1 74700
　　　 979-11-91244-59-5 (세트)

ⓒ시소스터디 2023

* 이 책의 내용을 사전 허가 없이 전재하거나 복제할 경우 법적인 제재를 받게 됨을 알려 드립니다.
* 잘못된 책은 구입하신 서점에서 교환해 드립니다.
* 정가는 표지에 표시되어 있습니다.